Le petit mercure

Collection animée par Colline Faure-Poirée

Le goût de Moscou

Textes choisis et présentés
par Jean-Pierre Thibaudat

Mercure de France

ISBN 2-7152-2443-5

SOMMAIRE

VOIR MOSCOU

RÊVER MOSCOU

VIVRE MOSCOU

Introduction

Mais, pour l'heure, on approche. En face,
Voici Moscou, ses blanches pierres
Et, si vieux sous l'or de leurs croix,
Les dômes brûlants comme braise.
Ah ! frères, que je fus comblé
Quand des églises, des clochers,
Des palais, la courbe d'un parc,
S'ouvrirent soudains devant moi !
Que de fois, en d'amers détours,
Pendant ma destinée errante,
Moscou, j'ai pensé à toi ! Tant
De choses, dans ce mot : Moscou,
Pour le cœur d'un Russe ont pris corps,
Tant de choses il nous évoque !

Alexandre POUCHKINE

Moscou... que de choses dans ce son.

Mikhaïl LERMONTOV

Oh, puissé-je ne pas connaître Moscou
Mais savoir seulement qu'elle existe,
Ceinte de hautes murailles et de grands rêves
Beaux rêves lointains et indicibles,
Et de regards qui battent la campagne,
Tissent sans trêve leur être imperceptible,
Et s'en retournent pour l'annoncer,

Le calmer encore et encore,
Regards qui planent et qui confirment
Leur être propre, et s'en viennent frapper
Au cœur tous ceux qui ont ouvert leurs âmes.
Alors, seulement, je reconnais Moscou.

Dmitri PRIGOV

Qu'on y ait vécu comme Pouchkine ou Lermontov, qu'on y vive comme le poète contemporain Prigov, qu'on en ait rêvé ou pas avant d'en fouler les rues comme les voyageurs des siècles passés (Mme de Staël, le marquis de Custine, Théophile Gautier, Alexandre Dumas) et ceux de l'époque soviétique (Walter Benjamin, Ella Maillart, Robert Byron, Pierre Herbart) ou post-soviétique (Claude Simon, Ryszard Kapuscinski), Moscou fascine. Par son opacité. Par son immensité, prélude à celle de toute la Russie. Par son aspect bigarré : Moscou est une ville d'Europe comme Saint-Pétersbourg, mais c'est aussi une ville à bien des égards asiatique, un caravansérail d'architectures et de peuples venus de toutes les Russies. C'est là sa magie interlope que propage ce roman hautement moscovite qu'est *Le Maître et Marguerite* de Boulgakov. Pas un Moscovite qui ne soit fier de l'être. Et de vivre dans la capitale d'un empire monstrueux certes défunt mais persistant, « la troisième Rome », disait déjà au XVIe siècle un moine de Pskov.

En 1700 on y pava une première rue. Douze ans plus tard, le tsar Pierre Ier, qui a pris le Kremlin en grippe, fonde Saint-Pétersbourg et y déplace la capitale. Deux siècles plus loin, grâce à la révolution d'Octobre, l'ancestrale cité des tsars redevient la capitale et le centre du pouvoir bolchevique dont l'avènement est fêté sur la place Rouge. Rouge, elle l'avait été depuis toujours, car comme le remarquèrent Alexandre Dumas et bien d'autres, ce mot en russe désigne la beauté : la place Rouge, c'est la place belle.

Pendant soixante-dix ans cette place – et avec elle toute la ville – devient le symbole du pouvoir soviétique avec les images imprimées derrière toutes les rétines des défilés monstres du 1er mai et du 7 novembre, jour anniversaire de la révolution d'Octobre et ces hommes sombres qui, au surplomb du mausolée de Lénine, agitent leurs petites mains. En sept décennies, la ville changea profondément. En 1935, Staline fit refaire le plan de Moscou. Des églises, des palais disparurent, dynamités. Des gratte-ciel dits staliniens (mais qui rappellent l'architecture du Chicago des années 20) furent édifiés, des grandes artères ouvertes. On construit alors un métro, monumental, gorgé de marbre, de fresques, chaque station ne ressemblant à aucune autre. On ouvre de vastes cinémas où l'on chante sur grand écran l'avenir radieux. Moscou devient une vitrine du régime. Avec tout ce que cela entraîne d'attrait et d'effroi : le KGB règne place de la Loubianka.

Depuis la chute de l'URSS, la ville connaît un nouveau bouleversement. De grise qu'elle était, la voici rutilante de couleurs, à commencer par celles parfois criardes des églises qui sont loin d'avoir toutes disparu. Et miracle, on s'aperçoit que Staline n'a pas tout détruit, que le cœur chaviré du vieux Moscou bat encore. Que le boulevard des jardins, le parc Sokolniki, les forêts qui bordent la ville sont toujours là. Ce n'est pas une ville qu'on apprivoise, c'est elle qui, jour après jour, vous séduit sans retour.

Malgré son occidentalisation, Moscou n'a pas perdu son âme. La ville des « nouveaux Russes » reste celle des babouchkas, des « petites mères ». Les casinos sont entrés dans la ville, mais les Moscovites aiment toujours boire une bière, debout en plein hiver, à la sortie d'une station de métro. Le MacDo de la place Pouchkine, premier du genre, est très fréquenté, mais à deux pas de là, c'est toujours au pied de la statue du poète (tous les jours fleurie par des mains anonymes) que se donnent rendez-vous les amoureux et que se déroulent les manifestations d'opposition aux maîtres du Kremlin. Tandis que c'est de la place d'Octobre que partent les défilés des nostalgiques de l'époque soviétique, au pied d'une gigantesque statue de Lénine toisant l'horizon, faisant face à des immeubles du ministère dans l'enceinte duquel on a récemment construit une petite église orthodoxe. Moscou est une ville folle, paradoxale, qui porte en sautoir les cicatrices de son histoire.

Une ville riche enfin, vers laquelle convergent 80 % des richesses du pays. Si bien que Moscou reste plus que jamais une vitrine aussi réelle que trompeuse. Car la Russie blessée, appauvrie commence aux portes de la ville. Mais, dans la ville même, il suffit de pousser la porte d'un appartement communautaire comme il en existe encore à portée de canon du Kremlin, pour prendre le pouls de la misère ; à Moscou comme ailleurs les pauvres sont de plus en plus repoussés à la périphérie de la ville, dans les banlieues mornes.

Bref, Moscou dit tout et son contraire. Car le Kremlin n'est jamais si beau que lorsqu'un matin, sous un ciel bleu, on découvre ses toits couverts de neige tandis que les Moscovites se chaussent de solides chaussures pour affronter la bouillasse et le verglas des trottoirs qui piège les piétons sous la couche de neige fraîche. Éternité moscovite. « Dans les années 90, Moscou conservait encore sa physionomie ancienne de coin perdu, pittoresque au point d'être fantastique », écrit Boris Pasternak. Il parlait des années 1890. Avec « l'avènement du nouveau siècle », « la frénésie des affaires des premières capitales du monde s'empara aussi de Moscou ». Un siècle plus tard, ces mots trouvent un regain d'actualité.

Moscou, ville mirage, reste une ville désirable. Et, on ne peut pas en partir sans avoir l'envie d'y revenir comme les trois sœurs de la pièce de Tchekhov. Et dire comme Irina à sa sœur Olga : « Je t'en supplie, partons ! Moscou, c'est ce qu'il y a de mieux au monde ! Partons, Olia ! Partons ! »

Jean-Pierre THIBAUDAT

VOIR MOSCOU

ALEXANDRE DUMAS

Naissance de Moscou

De tous les écrivains et voyageurs étrangers, Alexandre Dumas est celui que les Russes préfèrent au point de considérer l'auteur du Comte de Monte-Cristo *comme un auteur quasi national. Parti de Paris en juin 1858 par le train, il revient par bateau à Marseille en mars 1859. Entre-temps, il aura arpenté l'Empire russe, de Saint-Pétersbourg au Caucase, séjournant à Moscou plus d'un mois. Amateur d'histoires, de légendes et d'anecdotes, il ne pouvait pas ne pas raconter la naissance de la ville.*

Moscou est, après Constantinople, la plus grande ville, ou mieux, le plus grand village de l'Europe; car Moscou, avec ses parcs, ses baraques, ses lacs, ses jardins de maraîchers, ses corbeaux mangeant avec les poules, ses oiseaux de proie planant au-dessus des maisons, est bien plutôt un immense village qu'une grande ville. Son enceinte est évaluée à dix lieues de France; sa superficie, à 16 120 800 toises carrées. Tout ce que l'on dit de la fondation de Moscou par Oleg est fabuleux. Son origine certaine date du douzième siècle. En 1147, Iouri Dolgorouki, fils de Vladimir Monomaque, résidait à Kiev, première capitale des souverains russes. Mais, ayant confié les principautés de Vladimir et de Souzdal à son fils André, surnommé *le Pieux*, il voulut aller en personne à Vladimir pour l'installer. La Moskova, rivière sans grande importance, mais roulant entre de charmantes collines, se trouvait sur son chemin. Il la traversa, monta sur une de ces collines et se plut à regarder de là le site que cette colline dominait. Cette colline et les plaines environnantes étaient la propriété d'un certain Étienne Kouchko, fils d'Ivan. Sans doute, cette admiration du grand-duc pour son domaine déplut instinctivement à Étienne car il refusa de rendre les honneurs auxquels celui-ci croyait avoir droit. Aussi, Iouri, le grand-duc, blessé dans son orgueil, fit prendre Kouchko et le fit jeter dans un étang où il se noya. Cet événement inattendu plongea la famille du mort dans une telle douleur que Iouri, touché de cette douleur, envoya les fils et la fille du trépassé à André en les lui recommandant, et continua son chemin pour Vladimir.

Oulitta, c'était le nom de la fille de Kouchko, était belle ; le grand-prince la maria à son fils puis, après avoir visité les principautés, se remit en route pour Kiev. Son chemin était le même pour revenir que pour aller. Il repassa par les rives de la Moskova, gravit de nouveau sa colline bien-aimée et ordonna qu'une ville fût bâtie. Cette ville fut nommée *Moskova* (dont nous avons fait *Moscou)*, du nom de la rivière qu'elle dominait.

En Russie, ce n'est rien de faire une ville, l'important est de la peupler. À son lit de mort, Iouri se rappela comme un doux rêve sa halte sur la colline et, comme il apprit que, selon ses ordres, un certain nombre de maisons y avaient été bâties, il recommanda à son fils de veiller à ce que ces maisons fussent habitées.

Voyage en Russie

La légende que rapporte Dumas est sans doute trop belle pour être vraie, elle est surtout invérifiable mais les *Chroniques* l'attestent : c'est en 1147 que le nom de Moscou apparaît pour la première fois. Le 4 avril, son fondateur Iouri Dolgourouki reçoit un autre prince, Sviatoslav de Novgorod. La Russie aime les anniversaires. En 1997, le bouillonnant maire de Moscou, Iouri Loujkov, organisa les festivités qui se voulaient grandioses du 850e anniversaire de la ville. Elles furent parfois grandiloquentes voire absurdes. Par décret municipal on ordonna le ravalement des façades du centre de Moscou et des amendes furent prévues pour les récalcitrants. On vit ainsi des hordes d'employés municipaux peindre nuitamment des passages souterrains autoroutiers. Nombre de Moscovites protestèrent : on ne s'occupait, comme d'habitude, que de l'apparence extérieure. Qu'à cela ne tienne, la mairie convoqua des brigades de peintres – le plus souvent des femmes. Et à grands coups de pinceau en forme de balai trempés dans des seaux, on ripolina par exemple les cages d'escaliers du quartier Polienka en bleu clair. Depuis sa naissance, en plus de huit siècles, la ville a eu le temps de grandir et de faire des petits : elle compte aujourd'hui près de dix millions d'habitants, mais avec sa vaste étendue aujourd'hui de 47 000 kilomètres carrés, la densité reste peu élevée. Certes Dumas n'y retrouverait pas son village même si certains quartiers comme ceux de la Taganka (où Iouri Lioubimov dirigea et dirige de nouveau son fameux théâtre) ou celui de Zamoskvoretchie (c'est-à-dire « de l'autre côté de la Moskova ») avec leurs maisons basses ont gardé un parfum provincial, mais il y retrouverait parcs, lacs et corbeaux : un cinquième de Moscou est constitué de parcs arborés et de jardins. Hiver comme été, les Moscovites aiment s'y promener.

GERMAINE DE STAËL

L'arrivée à Moscou

Détestée par Napoléon, auteur d'un agaçant De l'Allemagne, *l'effrontée Mme de Staël fut assignée à résidence à Coppet en 1810. De là, deux ans plus tard, elle s'enfuit clandestinement, arrive en Russie et gagne Moscou avant Saint-Pétersbourg. On l'accueille bien : cette femme et cette ville ont un ennemi commun : Napoléon Bonaparte. La ville se prépare à la guerre.*

Des coupoles dorées annoncent de loin Moscou ; cependant, comme le pays environnant n'est qu'une plaine, ainsi que toute la Russie, on peut arriver dans la grande ville sans être frappé de son étendue. Quelqu'un disait avec raison que Moscou était plutôt une province qu'une ville. En effet, l'on y voit des cabanes, des maisons, des palais, un bazar comme en Orient, des églises, des établissements publics, des pièces d'eau, des bois, des parcs. La diversité des mœurs et des nations qui composent la Russie se montrait dans ce vaste séjour. Voulez-vous, me disait-on, acheter des châles de Cachemire dans le quartier des Tartares ? Avez-vous vu la ville chinoise ? L'Asie et l'Europe se trouvaient réunies dans cette immense cité. On y jouissait de plus de liberté qu'à Pétersbourg, où la cour doit nécessairement exercer beaucoup d'influence. Les grands seigneurs établis à Moscou ne recherchaient point les places ; mais ils prouvaient leur patriotisme par des dons immenses faits à l'État, soit pour des établissements publics pendant la paix, soit comme secours pendant la guerre. Les fortunes colossales des grands seigneurs russes sont employées à former des collections de tous genres, à des entreprises, à des fêtes dont les *Mille et une Nuits* ont donné les modèles, et ces fortunes se perdent aussi très souvent par les passions effrénées de ceux qui les possèdent. Quand j'arrivai dans Moscou, il n'était question que des sacrifices que l'on faisait pour la guerre.

Dix Années d'exil

Mme de Staël séjourna peu en Russie. Son regard est rapide mais unique : elle vit le Moscou d'avant l'incendie volontaire qui ruina la ville et médusa Napoléon Bonaparte. Elle est frappée par ce carrefour de peuples et de civilisations qu'était la ville de Moscou. Elle l'est encore. La ville chinoise dont parle Mme de Staël, c'est Kitaï (chinoise) Gorod (ville), nom d'une station de métro et d'un quartier. Il n'y a plus rien de chinois dans ce quartier central où se dresse le trop méconnu musée Polytechnique et où, dans une petite rue, se niche le comité des mères de soldats qui luttent pour que leurs fils n'aillent pas se faire massacrer en Tchétchénie. Bordant ce quartier, face à la Loubianka, siège du FSB (ex-KGB), une pierre, une simple pierre au bout d'un jardinet. C'est une pierre qui vient des îles Solovki, terre du premier goulag. Chaque année, le 31 octobre, les anciens du goulag ou les enfants de ceux qui y ont laissé leur vie, toutes les victimes des répressions, se retrouvent là. Des Tatars, des Yakoutes, des Tchétchènes, des Komis, des Russes de Russie. La Russie fut et reste un empire où contester le pouvoir moscovite et n'avoir pas la peau très blanche entraîne bien des tourments. Pourtant, la plupart des Moscovites ont leurs racines dans toute la Russie. Allez dans un marché – celui de Kiev est le plus « bazar » de tous. Partout vous verrez des Caucasiens proposer des légumes et des herbes aromatiques, des Géorgiens du lavache (un pain plat, souple et délicieux), des Coréens des salades de légumes et de poissons hachés menu, des paysannes sorties tout droit d'un tableau de Koletov vendre dans un seau ou des bocaux de fortune des concombres marinés. Tous sont des Russes.

LÉON TOLSTOÏ

Moscou vue d'en haut

De tous les grands livres de Léon Tolstoï, La Guerre et la Paix *est celui qui s'attarde le plus à Moscou. La maison des Rostov du roman a pour modèle un palais, siège de l'Union des écrivains d'URSS et aujourd'hui de Russie et dont les bancs du jardin semblent dater de l'époque de la belle Natacha. Dans ce roman-fleuve, Napoléon le conquérant affronte le rusé Koutouzov. L'empereur arrive à Moscou par une haute colline qui domine la ville. La vue est magnifique.*

L'éclat du ciel était féerique. Du haut du mont Poklonnaïa, Moscou s'étendait largement, avec sa rivière, ses jardins, ses églises, et semblait vivre de sa propre vie, ses coupoles étincelant comme des étoiles sous les rayons du soleil.

À la vue de cette ville étrange aux architectures surprenantes, Napoléon éprouvait cette curiosité quelque peu inquiète et envieuse que nous ressentons devant des formes de vie qui nous sont étrangères et qui nous ignorent. Il était évident que l'élaboration de sa propre vie absorbait toutes les forces de cette ville. À ces signes vagues qui permettent sans erreur de distinguer à grande distance le vivant du mort, Napoléon percevait la palpitation de la vie de la cité et sentait comme la respiration de ce beau corps immense.

Tout Russe sent en voyant Moscou qu'elle est mère ;

tout étranger qui la regarde et ignore sa signification maternelle doit ressentir sa nature féminine. Et c'est ce que ressentait Napoléon.

– *Cette ville asiatique aux innombrables églises, Moscou la sainte. La voilà donc enfin, cette fameuse ville! Il était temps,* dit Napoléon et, ayant mis pied à terre, il fit déployer devant lui le plan de Moscou et appela le traducteur Lelorme d'Ideville. « *Une ville occupée par l'ennemi ressemble à une fille qui a perdu son honneur* », pensait-il (comme il l'avait dit à Toutchkov, à Smolensk), et c'est de ce point de vue qu'il considérait la beauté orientale étendue devant lui, mais qu'il ne connaissait pas encore. Lui-même était surpris que se fût enfin accompli son ancien désir, désir irréalisable, lui semblait-il. Dans la claire lumière du matin, vérifiant tous les détails, il regardait tantôt le plan, tantôt la ville, et la certitude de la possession l'émouvait et l'effrayait.

« Mais pouvait-il en être autrement ? se disait-il. Voilà donc cette capitale à mes pieds dans l'attente de son sort. Où est maintenant Alexandre et que pense-t-il ? Ville étrange, belle, majestueuse ! Et étrange et solennelle est cette minute ! »

La Guerre et la Paix,
traduit du russe par Boris de Schloezer
« Folio classique », © Gallimard, 2002

Moscou brûle-t-elle ? Oui. « Des Gorgones et des Méduses, la torche à la main, parcourent les carrefours livides de cet enfer ; d'autres attisent le feu avec des lances goudronnées », écrit Chateaubriand dans ses *Mémoires d'outre-tombe*, relatant les mêmes événements que Tolstoï mais sans en avoir été le témoin, littéralement transporté à Moscou par son imagination. Si l'incendie qui piégea Napoléon fut ô combien volontaire – un ordre du gouverneur de la ville – et laissa l'empereur interloqué (quelques semaines plus tard ses grognards allaient immortaliser le nom d'une rivière : Berezina), les autres furent le plus souvent accidentels. En 1238, les Tatars s'emparèrent de la ville et y mirent le feu : rien de plus facile, depuis le Kremlin jusqu'aux plus humbles maisonnées, la ville était en bois. La construction d'un Kremlin en pierre au milieu du XVIe siècle n'empêcha pas les flammes de ravager la ville. « Notre ville brûle tous les cinq ans », écrivait Tourgueniev, le plus français des écrivains russes du XIXe siècle. À son époque, celle de Flaubert qui fut son ami, le bois, matériau bon marché en Russie où les forêts abondent, restait l'ordinaire moscovite. Aujourd'hui, c'est l'exception. Moscou ne brûle plus guère. Les néons et les panneaux lumineux publicitaires ont remplacé les brasiers. Moscou est une ville qui brille et aime briller. Les vitrines des magasins soviétiques étaient non seulement vides mais opaques. Aujourd'hui, c'est l'inverse. Moscou s'exhibe. Pour le meilleur et pour le pire. Ainsi ces prostituées rangées en ligne ou en arc de cercle que le client balaie avec les phares de sa voiture pour faire son choix et payer d'avance au mac qui veille dans son blouson de cuir. Ainsi ces anciennes librairies transformées en magasins clinquants pour voitures de luxe américaines. Cruels éclairages. Mais il y a aussi ces étoiles rouges qui scintillent au sommet des plus hauts édifices. Détachées de leur origine bolchevique, elles semblent tombées du ciel.

MARQUIS DE CUSTINE

Moscou la triste, Moscou la grande

Grand voyageur, c'est après avoir parcouru l'Europe que Custine arrive le 6 août 1839 à Moscou. Il vient de Saint-Pétersbourg où il séjourne depuis le 10 juillet, fréquentant la cour, conversant avec le tsar Nicolas Ier. Moscou, c'est autre chose. Il visitera ensuite Iaroslav et Nijni Novgorod. De ce périple qui dure six mois, il rapporte une somme qui n'est pas un simple récit de voyages.

Ne vous est-il jamais arrivé, aux approches de quelque port de la Manche ou du golfe de Biscaye, d'apercevoir les mâts d'une flotte derrière des dunes peu élevées qui vous cachaient la ville, les jetées, la plage, la mer elle-même avec la coque des navires qu'elle portait ? Vous ne pouviez découvrir au-dessus du rempart naturel qu'une forêt dépouillée, portant des voiles éclatantes de blancheur, des vergues, des pavillons bariolés, des banderoles flottantes, des oriflammes de couleurs vives et variées : et vous restiez surpris devant cette apparition d'une escadre en pleine terre : eh bien ! tel est exactement l'effet qu'a produit sur moi la première vue de Moscou : une multitude de clochers brillait seule au-dessus de la poudre de la route, et le corps de la ville disparaissait sous ce nuage tourbillonnant, tandis qu'au-dessus des derniers lointains du paysage la ligne de l'horizon s'effaçait derrière les vapeurs du ciel d'été toujours un peu voilé dans ces parages.

La plaine inégale, à peine habitée, à demi cultivée, infertile à l'œil, ressemble à des dunes où croîtraient de maigres bouquets de sapins et où des pêcheurs auraient bâti de loin en loin quelques cabanes peu solides, mais suffisantes pour abriter leur indigence. C'est au milieu de cette solitude que je vis tout à coup sortir des milliers de tours peintes et de campaniles étoilés dont je n'apercevais pas la base : c'était la ville ; les maisons basses restaient encore cachées dans une des ondulations du sol, tandis que les flèches aériennes des églises, les formes bizarres des tours, des palais et des vieux couvents attiraient déjà mes regards comme une flotte à l'ancre et dont on ne peut découvrir que les mâts planant dans le ciel.

Cette première vue de la capitale de l'empire des Slaves, qui s'élève brillante dans les froides solitudes de l'Orient chrétien, produit une impression qu'on ne peut oublier.

On a devant soi un paysage triste, mais grand comme l'Océan, et pour animer ce vide, une ville poétique et dont l'architecture n'a point de nom, comme elle n'a point de modèle.

La Russie en 1839

Custine arrive à Moscou des années après l'incendie que Napoléon ni aucun tsar n'aurait imaginé. La ville semble avoir retrouvé son aspect habituel, comme s'il y avait un atavisme moscovite : une ville immense, plutôt plate, ponctuée d'églises. Custine parle d'une « multitude de clochers ». Combien ? À en croire Chateaubriand (qui recopie diverses sources), avant l'incendie il y avait « deux cent quatre-vingt-quinze églises » (et « quinze cents châteaux »), cependant la légende veut que l'on parle de « la ville aux quarante fois quarante églises ». Combien au temps de Custine ? Combien aujourd'hui ? On s'y perd. Au bord de la Moskova, Staline avait détruit la cathédrale du Christ-Sauveur en 1931 pour édifier un palais des soviets, mais la terre, proche du fleuve, était trop molle, le tyran dut renoncer à sa tour de Babel soviétique. En lieu et place de la cathédrale explosée, les Moscovites héritèrent d'une piscine à ciel ouvert, chauffée même en plein hiver, si bien que l'on y barbotait dans des nuages de vapeur d'eau. Cette incroyable piscine Moskva a été à son tour dynamitée au milieu des années 90 pour reconstruire la cathédrale du Christ-Sauveur, à l'identique et au même endroit, sous l'impulsion du maire de Moscou, l'ex-communiste Iouri Loujkov et sa casquette de moujik. Comme pour effacer le passé. Reste l'immensité de cette ville informe que les transformations soviétiques n'ont fait que renforcer. Pétersbourg est construite autour d'un axe, à Moscou on tourne en rond par cercles concentriques autour de la place Rouge. L'étranger qui y débarque s'y perd forcément entre ces sept tours staliniennes qui bordent le centre quand il tourne le long du « koltso », un boulevard circulaire cernant le centre de la ville. Il cherche à se repérer mais ces tours se ressemblent. L'une est pourtant un hôtel (l'hôtel Ukraine), cette autre un ministère (celui des Affaires étrangères), une troisième un immeuble d'habitation et ainsi de suite. Passé le centre, la périphérie de cette ville que l'on surnomme le « gros chou » n'en finit pas de s'étendre, de s'étioler en quartiers tristes même si l'une des avenues qui sort de Moscou porte toujours le nom de chaussée des Enthousiastes.

ANTON TCHEKHOV

À Moscou ! À Moscou !

Si l'action d'aucune pièce de Tchekhov ne se passe à Moscou, plusieurs en rêvent. C'est à Moscou que la Nina de La Mouette *ira retrouver Trigorine, c'est de Moscou où elles ont vécu que les héroïnes des* Trois sœurs *se languissent. Mais plusieurs récits du prolixe nouvelliste se situent dans cette ville où il habita.*

Quand ils arrivèrent à la barrière, c'était presque le point du jour. Toujours muets, Iartsev et Kotchévoï suivaient la chaussée bordée de villas modestes, de cafés et de chantiers de bois ; sous le pont de l'embranchement une fraîcheur agréable, embaumée de tilleul, les enveloppa, puis une longue et large rue s'ouvrit devant eux, sans âme qui vive, sans un feu… Quand ils arrivèrent à l'Étang Rouge, le jour pointait.

« Moscou est une ville qui aura encore beaucoup à souffrir, dit Iartsev en regardant le couvent de Saint-Alexéï.

– D'où vous vient cette idée ?

– Comme ça. J'aime Moscou. »

L'un et l'autre étaient nés à Moscou, l'adoraient et étaient mal disposés à l'égard des autres villes ; ils étaient convaincus que Moscou était une cité merveilleuse et la Russie un merveilleux pays. En Crimée, dans le Caucase, à l'étranger ils s'ennuyaient, n'y trouvant ni bien-être ni aises, tandis qu'ils estimaient agréable et sain le temps grisâtre de Moscou. Les jours où une pluie froide bat les vitres, où la nuit tombe tôt, où les murs des maisons et des églises prennent une teinte fauve, triste, où, au moment de sortir, on ne sait jamais ce qu'il faut mettre, ces jours-là provoquaient en eux une excitation agréable.

Enfin, près de la gare, ils trouvèrent un fiacre.

Trois Années, in *Œuvres (Récits de 1892-1903)*, tome III, traduit du russe par Édouard Parayre, révisé par Lily Denis, bibliothèque de la Pléiade, © Gallimard, 1971

Si l'on visite la maison de Tchekhov à Melikhovo (à une centaine de kilomètres de Moscou) et sa résidence de Yalta (en Crimée) où il écrivit son dernier chef-d'œuvre, *La Cerisaie*, on peut aussi entrer dans sa maison moscovite au 6 de la rue Sadovaïa Koudrinskaïa – où il habita de 1886 à 1890 et écrivit ses premières œuvres comme son récit *La Steppe* et sa pièce *Ivanov* – ou voir sa tombe (et celles de Gogol, Maïakovski, Prokofiev et bien d'autres) au cimetière accolé au monastère Novodievitchi. Moscou aime ses écrivains, ses artistes. Le très agréable boulevard des Jardins (le long duquel Tchekhov habitait) est truffé de statues d'artistes aimés jusqu'à la vénération, ainsi celle d'Essenine, ou ailleurs celle, plus récente, du barde et acteur Vladimir Vissotski à la voix éraillée (qui épousa l'actrice Marina Vlady et mourut en 1980) avec sa guitare sur le dos. Nombre de demeures sont ainsi devenues des maisons-musées, celle de Gorki, imposante, est bien dans la note de cet écrivain russo-soviétique, celle de Tchekhov comme celle de Stanislavski (qui créa les pièces de son ami) sont pleines de charme. On y pressent ce que fut la vie à Moscou au coin des XIXe et XXe siècles. Il faut s'y rendre de préférence en hiver. À l'entrée, passé le rituel du vestiaire où l'on se débarrasse d'un lourd manteau, de vieilles gardiennes accortes vous intiment l'ordre de chausser des patins en feutre. Et c'est à pas glissants que vous visitez les lieux. Le plus souvent les meubles sont d'époque mais ont rarement appartenu à la gloire du lieu, qu'importe, le charme opère, les patins y sont pour quelque chose.

MICHKAÏL OSSORGUINE

Que Moscou est belle!

Né à Perm en 1879, devenu journaliste et révolutionnaire, Ossorguine doit s'exiler en Italie après 1905, il revient, dit son enthousiasme pour Octobre mais on l'arrête en 1921, on l'expulse. Il meurt à Paris en 1942, loin de Moscou, et de la librairie qu'il y avait fondée.

Le soleil disparut un instant derrière un nuage et l'étang s'assombrit. Tanioucha rebroussa chemin.

Les barques, le patinage, l'insouciance de jadis ne reviendraient-ils jamais ? Était-ce possible ?

Sortant d'une contre-allée, elle traversa la chaussée et descendit d'un pas rapide le côté ombragé de la rue Kharitonievsky, soucieuse dans sa robe blanche, soucieuse et seule en ce beau jour d'été.

Mais quand elle déboucha dans la Sadovaya et aperçut une maison entourée de petites barrières vertes, puis la Porte Rouge, et, plus loin dans la rue, la Tour Souhareva, elle s'arrêta de nouveau involontairement, ainsi qu'elle avait fait au Pont Kouznetzky, et se dit : « Malgré tout, que Moscou est belle ! Que Moscou est belle ! Chère Moscou ! Et comme elle est toujours la même... inaltérable. Ce sont les gens qui changent, mais la ville est toujours la même, un peu attristée peut-être, mais aussi absurde, aussi peu ordonnée qu'autrefois, mais toujours aussi chère, aussi belle, aussi intime. »

Le camion ne pouvait ramener les acteurs jusqu'à leur porte et l'on déposa Tanioucha et Astafiev à la place Strastnaya.

Chacun d'eux portait un paquet contenant les provisions qu'il avait gagnées : un peu de sucre, cinq livres de farine, une livre de gruau, un peu de marmelade et une paire de harengs. Le cercle de ce quartier-là était riche et payait avec libéralité. Dans le colis d'Astafiev se trouvait aussi son haut-de-forme défoncé, un grand col de papier et une cravate aux couleurs voyantes, accessoires de son costume de bouffon. Il avait lavé de son mieux dans les coulisses la craie et le fard dont il s'était enduit la figure.

– Allons, vous devez prendre la Malaya Dmitrovka et moi les petites rues.

– Non, nous irons ensemble. Je vais vous reconduire.

– Mais ce n'est pas la peine, Alexis Dmitrievitch. Je n'ai pas peur.

– Mais moi j'ai peur pour vous, surtout avec un tel paquet. Il est minuit passé.

Une rue à Moscou, traduit du russe par Léo Lack

Beau paradoxe : Moscou n'est plus ce qu'elle était mais ce n'est pas elle qui a changé, ce sont les gens. En vraie Moscovite, Tanioucha, l'un des personnages de ce beau roman d'Ossorguine, ne peut pas ne pas trouver « belle » sa ville « inaltérable ». Ce qui était vrai dans les tourbillons de la révolution d'Octobre le fut avant, le reste aujourd'hui plus encore qu'hier. Car les rues de Moscou ont retrouvé leurs noms d'autrefois qu'elles n'avaient jamais tout à fait perdu. La place du Manège s'appelle désormais ainsi et non plus la « place des Cinquante Ans d'Octobre », sobriquet que personne n'a d'ailleurs jamais employé hormis les fonctionnaires soviétiques travaillant au cadastre. Hier comme aujourd'hui, on s'en va en hiver patiner sur l'étang du Patriarche ou faire le tour en ski du lac qui jouxte le monastère de Novodievitchi. C'est là que le cinéaste Nikita Mikhalkov a tourné la plus belle des séquences de son film *Le Barbier de Sibérie* : la fête de la maslenitsa à l'heure du carême où l'on prépare les blinis que l'on va tartiner d'abord de crème, puis de poissons fumés ou de caviar rouge ou noir selon ses moyens. Le cinéaste n'a pas eu besoin de construire de décor : le paysage était synchrone avec l'époque de son film dont l'action se déroule il y a un siècle. Chaque Moscovite porte sa ville en lui comme une blessure (tant de lézardes, de désillusions), comme une lassitude (tant de bureaucratie, tant de corruption) mais aussi comme un baume. Moscou a beau vouloir être moderne et singer les capitales occidentales, elle reste un phénoménal bazar, un hymne au désordre, une ville éternellement rafistolée.

ELLA MAILLART

Première journée à Moscou

À quoi ressemble la Russie, douze ans après Octobre ? La toujours curieuse Ella Maillart (que l'on connaît mieux pour ses récits de voyage dans les contrées qui vont de l'Orient à l'Asie) a côtoyé l'émigration russe à Berlin. Elle est intriguée. La Suissesse parvient à obtenir un visa, arrive à Moscou en 1930. Et tout de suite la ville sans queue ni tête la submerge.

Cette première journée à Moscou est fatigante. Heureusement, avec Doukilskaïa, en sortant de Voks, nous avions mangé dans une *stolovaïa,* ce qui veut dire restaurant. Mais cela ressemblait à un casse-croûte de chez nous : les clients mangeaient sur un coin de toile cirée ; à l'entrée on prenait son tour pour passer à la caisse ; le menu était épinglé, on choisissait un plat, on en payait le prix inscrit et l'on recevait des bons. On cherchait une table, puis, contre les bons, la servante apportait une excellente soupe aux choux suivie d'un médiocre hareng garni d'une grosse portion d'orge. Le pain était à discrétion, de même que les mouches ; mais la principale qualité de ce repas était son côté bon marché : 55 kopecks avec un verre de thé. Si Doukilskaïa portait des gants de filoselle assortis à son manteau gris perle, nos voisins de table étaient vêtus avec moins de recherche, soit l'ouvrier en chemise ouverte, l'étudiant en blouse russe ou encore l'ancienne institutrice au chapeau perché sur un chignon.

Dès cette première journée, je ne sais plus définir nettement mes impressions ; prise dans un tourbillon, je ne peux plus m'en abstraire : lorsque j'essaierai de m'isoler, il y aura toujours à côté de moi une présence multiple, « la Russie ». Impossible de classer, d'ordonner mes réactions : déjà trop nombreuses, elles augmentent sans cesse. De même, on se perd dans les photos amoncelées d'un album jamais mis à jour.

Au début, période de huit à dix jours pendant laquelle on prend possession de la ville inconnue ; plus justement, la ville entre en vous : les yeux, l'ouïe, l'odorat sont en continuelle alerte ; ils accaparent les forces de l'être. La faculté de déduire, de raisonner en est affaiblie.

Parmi la jeunesse russe :
de Moscou au Caucase en 1930

Qui séjourne à Moscou, hors des sentiers balisés d'un voyage trop organisé, qui s'y attarde comme Ella Maillart, est écrasé par la ville. Il faut marcher dans Moscou, traverser les larges avenues par les passages souterrains où abondent les kiosques qui vendent des cassettes, des colifichets, des CD, des fleurs. Il faut arpenter les petites rues du vieux Moscou derrière le théâtre Bolchoï, du côté de Kousnetski most où une boutique vend encore des vieilles cartes de la ville et du pays, aussi gigantesques qu'ouvragées et que l'on croirait sorties de chez un antiquaire. Il faut aussi rôder dans les librairies où l'on vend les affiches soviétiques réimprimées. La stolovaïa dont parle Ella Maillart désigne plus une cantine qu'un restaurant (mot qui est d'ailleurs entré dans le vocabulaire russe comme, récemment, le mot « hôtel »). Toutes les administrations, tous les ministères, toutes les universités ont leur stolovaïa et l'odeur de soupe aux choux, de hareng mariné et de pain noir est toujours la même. Même la Douma, le parlement russe, a sa stolovaïa, l'une des meilleures et l'une des moins chères de la capitale. Encore faut-il pouvoir y accéder. Cela reste un privilège. Mieux vaut se replier, au terme d'une promenade forcément harassante, sur ces « Rouskoï bistro » qui se sont multipliés dans la ville, sorte de fast-food russe bon marché où l'on déguste des petits pâtés salés ou sucrés, bons et bourratifs à la fois, en buvant un verre de thé dans un gobelet en plastique, entouré de Russes de tous âges et de toutes conditions.

RYSZARD KAPUSCINSKI

Du côté des nouveaux quartiers moscovites

Polonais, « extraordinaire sorcier du reportage » (John Le Carré), après avoir évoqué la chute du shah d'Iran et celle du négus d'Éthiopie, Ryszard Kapuscinski se devait de raconter les affres de l'empire russe à l'heure de ses plus grands bouleversements en 1989. En se rendant sur place à Moscou et ailleurs. Ce qu'il fait, fiévreusement.

Qu'il s'agisse de la vieille ville ou de la ville nouvelle, Moscou est si vaste qu'on pourrait y construire une quantité d'immeubles, de rues et même des quartiers entiers sans pour autant se sentir à l'étroit à l'intérieur de ses murs. C'est une des caractéristiques de cette ville ; comme dans les mégapoles mondiales, il faut sans cesse marcher, rouler, des heures durant, en métro, en autobus, en taxi. Ceux qui en pâtissent le plus, ce sont les Moscovites logeant dans les immenses banlieues. Mais ils ne perdent pas l'espoir de venir vivre un jour à Moscou. Moscou c'est La Mecque. La ville compte près de dix millions d'habitants, mais près de dix millions de personnes y transitent quotidiennement pour des raisons professionnelles ou pour y faire des emplettes. L'écrivain moscovite Vladimir Sorokine appelle ses voisins « paysans urbains ». Cette population constitue un phénomène sociologique intéressant. Ayant naguère quitté son village, elle ne peut y retourner pour la bonne raison que la campagne n'existe plus, elle a été détruite, remplacée par les kolkhozes. Il n'empêche que ces gens ont gardé une mémoire, des habitudes et des réflexes. Paradoxalement l'esprit de la campagne russe s'est perpétué non pas dans les immenses plaines de la Volga, mais dans les gratte-ciel des nouveaux quartiers moscovites : Belaevo, Medvedkovo, Golianovo. Il est difficile de s'y rendre, et la nuit, si on ne connaît pas bien ces lieux, c'est carrément impossible. Un *tchastouchka* – couplet populaire russe – de chauffeurs de taxi ne dit-il pas :

Je t'emmènerai dans la toundra
J'irai même jusqu'à Ivanovo
Je t'emmènerai où tu voudras
Mais ne me demande pas
De t'emmener à Golianovo (Medvedkovo, Boberovo, etc.).

Imperium, traduit du polonais par Véronique Patte

Il y a le prestigieux Moscou historique et puis il y a le Moscou plus périphérique de ceux qui souvent voudraient bien y vivre. Tous ces nouveaux quartiers que l'on appelle « microrayons » ont un nom qui se termine en « vo », Kapuscinski en cite quelques-uns mais il y en a beaucoup d'autres : Biriouliovo, Tchertanovo, Novoguireïevo... tous se ressemblent et rappellent un peu nos cités de banlieue. L'architecture des immeubles est basique, fonctionnelle. Les boîtes aux lettres (généralement défoncées), les ascenseurs (souvent en panne), les poubelles métalliques (cabossées et en nombre toujours insuffisant) sont partout les mêmes et si on va à l'autre bout de la Russie, à Vladivostok par exemple, on retrouve cela à l'identique. La fatalité russe se niche partout. Ces quartiers ont longtemps été peuplés de limitchiki, appelés ainsi parce qu'ils venaient de province et étaient embauchés dans les entreprises moscovites avec une « limite » – généralement dans les trois ans – où ils ne pouvaient pas changer d'entreprise. Souvent ils finissaient par rester, fondaient une famille. Ils devenaient des Moscovites mais de seconde zone, méprisés (accent et accoutrement provinciaux) par les « vrais » Moscovites. Le phénomène avait commencé dans les années 30 avec les grands chantiers moscovites, dont celui du métro. Mais aujourd'hui, on voit venir dans ces quartiers des Moscovites âgés, expulsés du centre ou qui ont vendu la chambre dont ils étaient devenus propriétaires dans un ancien appartement communautaire pour obtenir un logement enfin individuel mais loin du centre. C'est aussi là qu'ont trouvé refuge bien des artistes. Au-delà de ces quartiers en « vo » la nature reprend ses droits : commence la forêt russe, le chant des bouleaux.

RÊVER MOSCOU

MARQUIS DE CUSTINE

La citadelle des spectres (1)

Le Kremlin n'est pas seulement un monstre d'architecture, c'est un mythe. Au fil de ses lettres, le marquis de Custine y revient plusieurs fois sans jamais en faire le tour. La vue est imprenable, le mythe aussi.

Ce prodigieux monument, avec ses murs blancs, inégaux, déchirés, ses créneaux étagés, est à lui seul grand comme une ville. On me dit qu'il a une lieue de tour. Vers la fin du jour, au moment où j'entrais à Moscou, les masses bizarres des palais et des églises renfermés dans cette citadelle se détachaient en clair sur un fond de paysage vaporeux, simple de lignes, pauvre de plans, grand de vide, mais froid de ton; ce qui n'empêche pas que nous soyons brûlés de chaleur, étouffés de poussière, dévorés de moustiques. [...]

Le Kremlin n'est pas un palais comme un autre, c'est une cité tout entière, et cette cité est la souche de Moscou; elle sert de frontière à deux parties du monde, l'Orient et l'Occident : le monde ancien et le monde moderne sont là en présence; sous les successeurs de Gengis-Khan, l'Asie s'était ruée une dernière fois sur l'Europe; en se retirant, elle a frappé du pied la terre, et il en est sorti le Kremlin! [...]

Persuadez-vous bien que le Kremlin de Moscou n'est

nullement ce qu'on dit qu'il est. Ce n'est pas un palais, ce n'est pas un sanctuaire national où se conservent les trésors historiques de l'empire; ce n'est pas le boulevard de la Russie, l'asile révéré où dorment les saints, protecteurs de la patrie : c'est moins et c'est plus que tout cela; c'est tout simplement la citadelle des spectres.

Ce matin, marchant toujours sans guide, je suis arrivé jusqu'au milieu du Kremlin, et j'ai pénétré seul dans l'intérieur de quelques-unes des églises qui font l'ornement de cette cité pieuse, aussi vénérée par les Russes pour ses reliques que pour les richesses mondaines et les glorieux trophées qu'elle renferme. Je suis trop agité en cet instant pour vous décrire les lieux avec détail; plus tard je ferai une visite méthodique au trésor et vous saurez ce que j'y aurai vu.

La Russie en 1839

Comme d'autres avant et après lui, Custine est terrassé par ce dragon qu'est le Kremlin. Son ordonnance défie toute logique, son apparence toute identité. « Cela ne se rapporte à aucun style connu. Ce n'est pas grec, ce n'est pas byzantin, ce n'est pas gothique, ce n'est pas arabe, ce n'est pas chinois ; c'est russe, c'est moscovite », écrit Théophile Gautier qui a cette heureuse formule : « parfois ses plans ressemblent à des hasards de cristallisation ». Quand Custine et Gautier visitent ce conglomérat d'édifices au XIXe siècle, les tsars n'habitent plus au Kremlin. Les bolcheviques vont redorer le blason de Moscou en en refaisant leur capitale, dès lors ce « Parthénon des Slaves » (Custine) devient plus que jamais « la citadelle des spectres » dont parle le même Custine. Une forteresse opaque pour un régime qui ne l'est pas moins. De noires

Volga et autres limousines ZIL aux vitres teintées y sortent et entrent dans un épais silence. Le pouvoir est là, derrière ces hauts murs, invisible.

CLAUDE SIMON

La citadelle des spectres (2)

Claude Simon, avec d'autres prix Nobel, a été invité à Moscou sous Gorbatchev par l'écrivain Aïtmatov. Dans un texte extraordinaire, il décrit ce monde soviétique en train de basculer à l'heure de la perestroïka. Avec, pour finir, cette figure obligée qu'est la visite au mausolée de Lénine et aux caveaux alentour.

Arrivés devant le mausolée ils s'arrêtent en claquant des talons et, pivotant d'un quart de tour sur la gauche, lui font face, le sous-officier entre les deux gardes et un peu en arrière, les cinq hommes (les deux de la garde montante, les deux debout de chaque côté de l'entrée, attendant d'être relevés, et le sous-officier) parfaitement immobiles jusqu'à ce que, sans qu'aucun ordre ait retenti, les deux soldats de la garde montante gravissent les marches d'un pas mécanique, s'immobilisant un temps, puis effectuant chacun un quart de tour de façon à se trouver face à face avec chacune des deux sentinelles toujours figées qui, lorsque l'horloge de la porte du Sauveur finit d'égrener les quatre coups, font rapidement sauter la crosse de leur fusil dans la main gauche, à hauteur de la hanche, effectuent aussi un quart de tour, le dos au mausolée maintenant, se mettant en mouvement, descendant les marches du même pas d'automates en même temps que leurs remplaçants avancent de deux pas, se tournant le dos, effectuant simultanément un demi-tour, face à face maintenant de chaque côté de l'entrée, laissant alors retomber leurs fusils dont les crosses heurtent en même temps la dalle de marbre, les bruits des deux chocs confondus, et s'immobilisant.

Les deux hommes de la garde descendante encadrant à présent le sous-officier, tous trois pivotant d'un même mouvement vers la gauche, toujours sans qu'aucun ordre retentisse, le garde de droite lançant alors avec raideur et très haut sa jambe en avant, passant entre le sous-officier et le mausolée, arrivant à hauteur de l'autre garde qui lance de la même façon sa jambe en avant, le sous-officier leur emboîtant le pas, les trois hommes maintenant soudés, les bottes cloutées martelant le pavé de marbre, les bras droits balancés à la cadence du pas, les mains gantées de blanc rejetées loin en arrière, puis revenant à hauteur de la crosse du fusil, puis en arrière de nouveau, le fusil vertical en équilibre dans la main gauche, les bustes très droits, les baïonnettes étincelant au soleil tandis qu'ils longent la haute muraille de briques rouges aux créneaux florentins silhouettés en ailes de pigeon, passant devant les tribunes vides, les petits sapins plantés par groupes de trois le long du rempart où sous les plaques de marbre alignées reposent parallèlement les momies embaumées des anciens émeutiers aux fronts de professeurs, aux cravates nouées à la diable, leurs yeux fermés derrière leurs pince-nez, leurs visages enfin sereins, apaisés, leurs lèvres désormais closes

L'Invitation

Au pied du Kremlin, dans son mausolée, le corps embaumé de Lénine parachève le rituel des spectres du Kremlin. Le spectacle de la garde décrit par Claude Simon est, pour l'instant, immuable. Va-t-il durer ? Car la Russie post-communiste ne sait trop que faire de ce spectre encombrant auquel on n'ose toucher. Certains voudraient que l'on enterre Lénine auprès de sa mère (comme il l'avait souhaité), d'autres jurent que toucher au corps de l'icône serait une insulte suprême faite au pays. Eltsine et aujourd'hui Poutine se sont bien gardés de prendre position. Alors Lénine est là. Avec son corps parcheminé que les scientifiques attachés au mausolée baignent chaque année dans un bain de balsam à la formule tenue secrète. Comme le laboratoire a peu d'argent, il arrondit ses fins de mois en embaumant des personnalités privées, à commencer par les rois de la pègre russe dont la vie est généralement brutale et brève. Et pour parfaire le tableau, le plus souvent ces mafieux richissimes sont enterrés dans un cercueil de verre. Comme la belle au bois dormant, mais d'abord comme Lénine.

ANASTASSIA TSVÉTAEVA

Les monts des Moineaux

Racontant sur le tard ses souvenirs, la sœur de la poétesse Marina Tsvétaeva nous entraîne sur l'une des sept collines qui entourent Moscou où les enfants moscovites vont jouer avant d'aller y étudier à l'université.

Et puis il y avait aussi les monts des Moineaux, et ces monts étaient peuplés de montagnes américaines. Comment en parler ? Autour de nous, on discutait : « Elles viennent sans doute de France... » Nous n'écoutions pas. Nous n'avions pas le temps : le cœur commençait à battre lorsque nous arrivions avec les grandes personnes devant une construction qui ne ressemblait à rien, faite de montées et de descentes, puis à nouveau de montées. Nous achetions des billets, le droit de participer à l'envol, et nous nous bousculions, les yeux exorbités, en attendant qu'on nous appelle. Lorsque, retenus et poussés, nous franchissions une sorte de seuil et montions sur un siège au milieu du vide, surplombant la Moskova, ne voyant ni celle-ci ni le lointain scintillant, nous sentions que soudain quelque chose se dérobait sous nos pieds, et dans le sifflement du vent, d'un saut de fou, nous plongions dans le vide, les mains accrochées aux rebords du siège, puis nous nous envolions, replongions plus bas dans un vol incessant; on cessait d'exister, on ne faisait que respirer et on avait peur, on s'envolait, on retombait, les pieds rivés au sol, et la seule chose qui vous restait était le battement de votre cœur qui s'étouffait. Non, ce n'est pas vrai, il y avait aussi le plaisir, fragile comme le sifflement du vent dans les oreilles, comme ces envols et ces retombées dans le gouffre qui vont s'arrêter... L'envol est déjà plus doux, on longe une courbe douce, c'est la montée vers l'arrivée, qui se retrouve soudain sous nos pieds si légère... Et alors, épuisés, au son des paroles des grandes personnes, on remonte lentement le sentier, dans une mer de buissons, vers la terrasse du restaurant Krinkine où il y a des boissons gazeuses, du soda à la poire et des gâteaux et de là, le scintillement de l'altitude, de l'air, et Moscou au loin, comme un rang de perles, et comme un ruisseau de soie, l'éclat de la rivière...

Souvenirs, traduit du russe par Michèle Kahn

Les monts des Moineaux ont retrouvé le nom qu'ils portaient avant la révolution quand les sœurs Tsvétaeva étaient enfants. Sous le régime soviétique on les avait baptisés les « monts Lénine ». Ce qui n'a jamais changé, c'est la vue, magnifique, sur Moscou, ses bulbes, les fumées de ses centrales thermiques, le monastère Novodievitchi, le stade Loujniki. C'est sur cette hauteur stratégique que se réfugia Ivan le Terrible lorsqu'un incendie ravagea Moscou en 1547, c'est de là que Napoléon toisa la ville avant d'y pénétrer, c'est du mont des Oiseaux que les rouges bombardèrent le Kremlin en 1917. Aujourd'hui c'est un but de promenade des familles comme au temps des sœurs Tsvétaeva. Le jeu des montagnes américaines dont il est question est ce que nous appelons les montagnes russes. Il n'en reste rien. Mais, en contrebas, se dresse un gigantesque tremplin à ski hors d'usage, paradis des moineaux. C'est aussi sur cette hauteur que se dresse l'université Lomonossov (nom du savant qui fonda la première université moscovite en 1755) sur 360 hectares autour d'un des sept gratte-ciel « staliniens » de la ville, achevée en 1953, l'année de la mort de Staline. Combien de Rastignakov ont, depuis ces monts de merveille, rêvé de gloire ?

IVAN BOUNINE

La rue Arbat (1)

Premier Russe à obtenir le prix Nobel de littérature sous le régime soviétique, Ivan Bounine émigra et mourut à Paris en 1953. Loin de Moscou, dans cet extrait de son livre ultime, il nous restitue l'atmosphère d'une rue, d'un quartier aimé.

J'habitais à l'hôtel de la Capitale, sur l'Arbat, à côté du restaurant « Le Prague ». Dans la journée, je travaillais chez moi ou chez le peintre et passais souvent mes soirées dans des gargotes avec toutes sortes de nouveaux compagnons de bohème, jeunes ou décrépits, mais tous fervents amateurs de billard, d'écrevisses et de bière... C'était une vie déplaisante et ennuyeuse ! Ce peintre sale et efféminé avec son atelier au négligé « artistique », envahi d'accessoires poussiéreux, cet hôtel lugubre... De cela est resté gravé dans ma mémoire, la neige tombant sans cesse à gros flocons derrière les carreaux, le grondement sourd et la cloche des omnibus qui passent dans l'Arbat, l'odeur aigre de la bière et du gaz, le soir, dans la gargote faiblement éclairée... Je n'arrive pas à comprendre pourquoi je menais une existence si pitoyable, alors qu'à l'époque j'étais loin d'être pauvre.

Mais voilà qu'un jour du mois de mars, alors que j'étais chez moi à dessiner, que le vasistas ouvert laissait entrer par la double fenêtre l'humidité déjà printanière de la pluie mêlée de neige fondue, le claquement qui n'avait plus rien d'hivernal des sabots sur la chaussée et le son comme déjà plus musical des cloches des omnibus, quelqu'un frappa à la porte du vestibule. « Qui est là ? », lançai-je : mais il n'y eut pas de réponse. Je laissai passer quelques instants avant de répéter ma question : à nouveau le silence. On frappa alors une seconde fois. Je me levai et allai ouvrir : une grande jeune fille toute habillée de gris, du chapeau aux bottines en passant par le manteau droit, se tenait sur le seuil et me fixait de ses yeux noisette, avec des gouttes de pluie et de neige fondue luisant sur ses longs cils, brillant sur son visage et sur les cheveux qui dépassaient de son chapeau. Sans me quitter des yeux, elle me dit :

– Je suis Muse Graf, du Conservatoire. J'ai entendu dire que vous étiez quelqu'un d'intéressant et je suis venue vous voir. Vous n'avez rien contre ?

Les Allées sombres,
traduit du russe par Jean-Luc Goester et François Laurent

Bien des écrivains et artistes russes ont arpenté la rue Arbat qui commence au coin de la Nouvelle Arbat (l'avenue Kalinine des années soviétiques), non loin du Conservatoire de musique et d'une grande école de théâtre, et se termine au boulevard circulaire à Smolenskaïa, près du cabinet du cinéaste Sergueï Eisenstein. Au mitan de cette longue rue, se dresse le théâtre Vakhtangov dont la troupe est composée d'acteurs célèbres. En face, la maison des acteurs reste une ruche. Elle était flanquée en bas d'un « restaurant des acteurs » qui n'a pas survécu à la privatisation de la Russie. Au bout de la rue, avec sa façade jaune, le restaurant Praga (Prague) est lui toujours là. On l'a rénové, on a changé ses plats, ses salles à manger, augmenté ses additions... Plus aucun omnibus ne circule dans cette rue : elle est devenue piétonne. Ainsi va l'Arbat.

ANATOLI RYBAKOV

La rue Arbat (2)

Écrivain de la grande tradition russe des fresques mi-réalistes, mi-fantasmatiques, Anatoli Rybakov voit dans cette rue moscovite le miroir biseauté de la Russie soviétique, laquelle vivait ses dernières heures quand, en 1987, parut son ouvrage qui allait devenir un best-seller mondial.

La plus grande maison de l'Arbat est située entre les rues Saint-Nicolas et des Changeurs (les actuelles rues Vesnine et des Charpentiers). Les trois corps de bâtiment à sept étages qui la composent se succèdent en rangs serrés et la façade du premier est revêtue de carreaux de faïence blancs. Des enseignes annoncent : « Broderies à jour », « Orthophonie », « Maladies vénériennes ». Des passages voûtés partiellement tapissés de tôle réunissent deux vastes cours obscures.

Sacha Pankratov sortit de la maison et tourna à gauche en direction de la place de Smolensk. Devant le cinéma Les Arts de l'Arbat, les filles du quartier faisaient déjà les cent pas, deux par deux, le col du manteau négligemment relevé, les lèvres peintes, les cils recourbés, les yeux pleins d'attente, un foulard de couleur autour du cou – le dernier chic de l'Arbat pour l'automne. La séance était terminée, les spectateurs sortaient par la cour et se déversaient en foule dans la rue par une porte étroite, où se bousculait gaiement une petite troupe d'adolescents, de tout temps les maîtres de ces lieux.

L'Arbat terminait sa journée. Sur la chaussée asphaltée en son milieu mais encore pavée entre les voies des tramways roulaient, dépassant les vieux fiacres, les premières automobiles soviétiques, les Gaz et les Amo. Les tramways sortaient du garage avec un ou même deux wagons supplémentaires, dans une tentative désespérée de répondre aux besoins en moyens de transport de la grande ville. Sous terre la première ligne de métro se construisait déjà et sur la place de Smolensk un échafaudage en bois se dressait au-dessus de la fosse.

Katia attendait Sacha rue du Champ-de-la-Vierge devant le club des loisirs de l'usine Caoutchouc. C'était une fille des steppes aux pommettes saillantes et aux yeux gris. Elle portait un tricot de grosse laine de pays et sentait un peu le vin.

Les Enfants de l'Arbat,
traduit du russe par A. Roubichou-Stretz,
L. et J. Cathala

Une chanson à succès de Boulat Okoudjava, ce livre de Rybakov et un vent de liberté ont propulsé la rue Arbat au rang des artères touristiques les plus fréquentées y compris par les Russes. On y vend en quantité des matriochkas, des boîtiers laqués, des montres et des vareuses soviétiques, du caviar de contrebande, on y croise des adeptes de Krishna, des vieilles paysannes venues vendre des pulls de mohair qu'elles ont tricotés, on y suce des glaces en plein hiver, on peut y manger chinois, italien, japonais, français, russe. Une mafia locale tient en mains les étals dressés par tous les temps, y compris quand le thermomètre est largement en dessous de zéro. À l'époque où se situe le roman de Rybakov, 1934, Staline aimait emprunter cette rue. Aujourd'hui on reconnaît le visage du moustachu dans une série des matriochkas égrenant les leaders du pays, ces poupées russes où une poupée en enferme une autre qui en enferme une troisième, etc. Sous Lénine, Staline. Et du côté des dernières poupées : sous Eltsine, Poutine. L'histoire russe est toujours peu ou prou une affaire de poupées gigognes.

MICHEL GORDEY

Rue Gorki, rue Tverskaïa

Né de parents russes (naturalisés français), ayant quitté la Russie à l'âge de sept ans, devenu journaliste en France, Michel Gordey retourne en mars 1950 dans son pays natal, l'« esprit ouvert ». Il revient avec un long reportage au quotidien où il arpente la Russie, marche dans la grande artère moscovite.

La rue Gorki, ancienne Tverskaïa, est l'avenue principale de Moscou, ses Champs-Élysées en quelque sorte. Entièrement reconstruite dans sa partie centrale, considérablement élargie, elle est bordée de grands magasins. C'est ici que se trouvent les plus remarquables échantillons de cette nouvelle architecture soviétique. C'est la rue des boutiques luxueuses de Moscou. Grandes librairies, magasins de mode, théâtres, plusieurs « Gastronomes » (les meilleures épiceries-crèmeries de la capitale), immeubles administratifs, mais aussi maisons d'habitation se succèdent dans la rue Gorki. C'est ici qu'habite Ilya Ehrenbourg et d'autres « grands intellectuels » du régime. Ici aussi que se trouvent les restaurants les plus chers, ainsi que le Soviet Municipal dont l'architecte a réussi à placer des colonnes au huitième étage, « pour mieux les cacher à ses collègues qui pourraient vouloir les lui chiper », comme me dit en plaisantant un journaliste étranger d'ailleurs communisant.

Tous les jours je passe, en sortant de mon hôtel, par la rue Gorki, et je puis admirer ainsi tantôt l'immense vitrine sur laquelle se détachent les mots « Champagne Soviétique », tantôt les expositions de plusieurs « Mostorg » – les magasins universels de Moscou, tantôt le nouvel immeuble du Bureau Central des P.T.T., dont l'entrée principale est surmontée d'un grand globe terrestre qui tourne jour et nuit.

Cette avenue, comme toutes celles du centre, est impeccablement propre. Il est interdit de jeter des mégots et des papiers sur les trottoirs et, tous les cinq ou dix mètres, une corbeille métallique en forme d'urne attend les détritus. La chaussée est asphaltée, les voitures y roulent à vive allure, s'arrêtent brusquement aux feux rouges et aux coups de sifflet des « militzioners », puis foncent de nouveau sans trop s'occuper des piétons. Il y a beaucoup moins de circulation qu'à Paris, mais les artères centrales sont beaucoup plus larges. Ici on a nettement construit et élargi en prévision des problèmes de circulation de l'avenir. Des « sens uniques », institués sans doute également pour le « trafic de demain », obligent les véhicules à faire des détours extravagants et inutiles pour relier deux points séparés de 500 mètres. Mais à Moscou 1950, on pense déjà aux encombrements de 1960 ou 1970.

Visa pour Moscou
collection « L'air du temps » © Gallimard, 1951

Rue Gorki comme l'avaient rebaptisée les Soviétiques, Broadway comme l'avait surnommée la jeunesse russe iconoclaste des années Brejnev, rue de Tver comme optent les traducteurs à l'ancienne et les vieux Russes parlant un français impeccable, rue Tverskaïa comme on dit en russe aujourd'hui (comme hier), c'est là une seule et même rue, souvent désignée comme les Champs-Élysées moscovites. Quand on arrive à Moscou par avion depuis l'Europe, on atterrit à Cheremetievo. Passé les douanes devenues humaines, on rejoint bientôt une grande route à peu près rectiligne qui conduit à Moscou. On laisse à main gauche le stade Dynamo cher aux amateurs de football, à main droite une gare couleur vert d'eau, la gare de Biélorussie, juste après commence la Tverskaïa. Elle conduit place Maïakovski (statue), puis place Pouchkine (statue), c'est la voie royale qui descend jusqu'au Kremlin. Sur la gauche, une grandiose épicerie-traiteur, Elisseev, où bien des romans russes depuis la fin du XIXe siècle viennent faire provision de vins, de fruits, de friandises. C'est un endroit extraordinaire qui nous plonge dans une Russie russisante si l'on peut dire. Rien ne semble avoir changé à commencer par les lustres pendus sous les hauts plafonds baroques. Les lumières, les baklavas (aubergines roulées sur un lit de farce aux noix), les tortas (gâteaux) d'anniversaire sortis des fabriques, les multiples vodkas, les tabliers des serveuses, tout semble issu d'une Russie pétrifiée d'éternité. Les Soviétiques avaient rebaptisé ce lieu rêveur d'un réglementaire « Gastronome n° 1 ». Qui s'en souvient ?

MARINA TSVÉTAEVA

Va dans la rue des Trois-Étangs

Ceux qui l'ont connue disent que la voix de Marina Tsvétaeva ressemblait à ses vers. Prague puis la France, son exil fut long. Elle retourna en Russie où sa poésie ne cesse de se rendre, pour achever sa vie, marquée par bien des tragédies, en se suicidant en 1941 à l'âge de quarante-neuf ans.

Toi, dont le sommeil est encore profond
Et les mouvements encore paisibles,
Va dans la rue aux Trois-Étangs,
Si tu aimes ma poésie.

Oh, combien de soleils et d'étoiles
Illuminent le premier volume de ma vie,
Tant qu'il n'est pas trop tard, je t'en supplie,
Va voir notre maison.

Bientôt ce monde disparaîtra.
Va en secret le regarder,
Tant qu'on n'a pas abattu le peuplier,
Tant que la maison n'est pas vendue.

Ce peuplier ! Toutes nos soirées d'enfant
Se sont nichées dessous,
Parmi les acacias le peuplier,
Couleur de cendre et d'argent.

Ce monde merveilleux, sans retour,
Tu le trouveras encore, va vite,
Va dans la rue aux Trois-Étangs,
Cette âme profonde de mon âme.

Poème cité et traduit par Véronique Lossky
dans son livre *Marina Tsvétaeva, un itinéraire poétique*

Non, ne cherchez pas, au 8 de la rue Trioëkhproudny (des Trois-Étangs), la maison où Marina Tsvétaeva passa son enfance avec sa sœur, son frère et ses parents (son père œuvrait alors pour réaliser ce qui est aujourd'hui le musée Pouchkine). Elle n'existe plus. La maison avait été détruite du vivant même de la poétesse pour qui toute séparation ou disparition fut un motif poétique de prédilection. Tsvétaeva envoya nombre de lettres à Pasternak, objet d'un amour insensé autant qu'impossible. Dans son exil parisien, elle croisa un soir Maïakovski, autre suicidé de la poésie russe des années soviétiques. Trois grands poètes du XXe siècle. On ne peut pas parler de Moscou sans parler de poésie. Les poètes y sont aimés, lus. Vivants on les adore, morts on les idolâtre. Dire de la poésie fait partie de la vie et les poètes eux-mêmes lisent leurs vers en public. Les récitals de poésie de Maïakovski ressemblaient aux concerts de rock, dans les années 60 Evtouchenko déclamait devant des milliers de personnes la Russie du dégel. Tsvétaeva aussi disait en public sa poésie mais dans des cercles plus intimes, comme c'est le cas aujourd'hui à Moscou où les cafés littéraires, les soirées poétiques se multiplient.

MIKHAÏL BOULGAKOV

Le fantôme de l'étang du Patriarche

Nul roman, mieux que Le Maître et Marguerite *de Boulgakov, ne saurait décrire l'aspect fantastique que revêt nuitamment une ville comme Moscou. L'auteur, malmené par les autorités soviétiques, travailla à ce chef-d'œuvre jusqu'à son dernier souffle, en 1940. Dans son* Journal, *Boulgakov évoque ce roman testamentaire.*

Aujourd'hui je suis allé avec Kataïev Tolstoï à sa datcha (à Ivankovo). Il a été très gentil aujourd'hui. La seule chose déplaisante, c'est cette manière incorrigible qu'ils ont, sa femme et lui, de jouer les bohèmes avec les jeunes écrivains.

Ceci dit, il a vraiment un grand talent qui rachète tout.

Quand nous sommes partis, Kataïev et moi, il nous a accompagnés jusqu'au barrage. Une moitié de lune se dessinait sur le ciel, le soir était plein d'étoiles, un grand silence. Tolstoï parlait de la nécessité de fonder une école. Il était même devenu un peu chaleureux.

— Prêtons serment en regardant la lune...

Il a du cran, mais il cherche un soutien aussi bien chez moi que chez Kataïev. Ses idées sur la littérature sont toujours justes et pertinentes, parfois grandioses.

Au milieu de la tristesse qui m'accable au souvenir des jours passés, ainsi à présent, dans cette ignoble maison, à l'étroit dans l'ignoble et absurde décor d'un logis de fortune, j'ai des éclairs de confiance en ma force. Oui en cet instant j'entends au-dedans de moi ma pensée qui prend son essor et je sais qu'en tant qu'écrivain je suis incomparablement plus fort que tous ceux que je connais. Mais, dans de pareilles conditions, il n'est pas impossible que je baisse les bras.

3 septembre, lundi

Après un été épouvantable, il fait à présent un temps merveilleux. Depuis quelques jours déjà, le soleil brille de tous ses rayons. Il fait chaud.

Je vais travailler chaque jour à mon *Goudok* et j'y tue ma journée absolument sans espoir.

Ma vie est ainsi faite que j'ai peu d'argent et que je vis, comme toujours d'ailleurs, au-dessus de mes modestes moyens. On boit et mange beaucoup et convenablement, mais il ne reste pas assez pour acheter des choses. Impossible un seul jour d'éviter la buvée — cette satanée bière. Aujourd'hui je suis allé dans une brasserie, sur la place de la Passion, avec A. Tolstoï, A. Kalmens et, bien sûr, le « capitaine » boiteux, qui à présent suit le comte comme son ombre.

Le Journal confisqué, in *Écrits autobiographiques*
traduits du russe par Marianne Gourg,
Michèle Kahn et Paul Lequesne

L'« ignoble maison » qu'évoque ici Boulgakov servira de décor au *Maître et Marguerite*. Nombre de Moscovites connaissent par cœur les personnages et les lieux qu'on y rencontre. « C'était à Moscou au déclin d'une journée printanière particulièrement chaude. Deux citoyens firent leur apparition sur la promenade de l'étang du Patriarche » : les premières lignes du roman nous entraînent dans un des quartiers de Moscou qui a gardé beaucoup de charme. Boulgakov n'y est sans doute pas pour rien. C'est à deux pas de l'étang du Patriarche (l'hiver on y patine, l'été on s'y promène) que se situe l'appartement n° 50 du roman où il se passe tant de choses incroyables. Cet appartement, c'était aussi celui de Boulgakov au 10/12 de la rue Sadovaïa Koudrinskaïa. Sous le porche, c'est le premier escalier de gauche. Dans les années 60, les admirateurs de cet écrivain honni par le régime couvrirent l'escalier de graffitis boulgakoviens. Loin d'être effacés, il y en a un peu plus chaque année. L'appartement devenu musée-galerie se visite, à des heures fantaisistes, ce qui n'aurait pas déplu à Woland, l'un des héros de ce roman envoûtant. Et ce chat que vous croisez en sortant de l'immeuble, ne serait-ce pas Béhémoth en personne ? Où finit la réalité, où commence la fiction ? À Moscou les frontières sont souvent floues : il arrive que l'on croise dans la rue un sosie de Lénine. Et si c'était le vrai ?

ROBERT BYRON

Une soirée au Métropole

Maître de Bruce Chatwyn, l'Anglais Robert Byron – disparu en 1941 à l'âge de trente-six ans (bateau torpillé) – promena son regard acide et ironique à l'est du monde. De Moscou il prendra la route pour le Tibet. En prenant le temps de vivre jusqu'au bout une nuit moscovite.

Dans la soirée, j'allai au Métropole, entre hommes, « voir la vie ». À la différence de l'Inde, où, la nuit tombée, on ne saurait mettre le nez hors de sa chambre autrement qu'en tenue de soirée, l'exercice consistait ici à troquer sa veste de smoking contre un prolétarien complet-veston. Parvenus à l'hôtel, nous pénétrâmes dans une salle aux dimensions du Crystal Palace. Ce hall gigantesque était semé à intervalles réguliers de réverbères colossaux portant chacun deux ou trois ampoules électriques nues. Sur une estrade, trente gitanes faisaient des effets de voix et de jambes avec cet entrain artificiel propre au cabaret moderne. Au centre de la salle, une fontaine déversait imperturbablement son eau dans une piscine peuplée de carpes tournoyantes, dont le manège fut brusquement occulté par des jeux de lumières colorées, tandis qu'arrivait l'orchestre de danse. Avec quelques autres audacieux, je m'élançai sur la piste, au bras d'une danseuse du ballet de Leningrad. Un peu plus tard, nous rejoignîmes le bar, stupéfiant alignement de bouteilles (et de cyclamens enrubannés) à rendre Changhai jaloux. Derrière s'étaient animées des serveuses à la Renoir et à la Toulouse-Lautrec, d'un type si parfait, si délicieusement pulpeuses avec leurs joues de pêche et si convenables de maintien qu'elles auraient pu être formées pour le rôle par Mr. Cochran, maquillées par Mr. Clarkson, dans une pose indiquée par le professeur Reinhardt.

Il était trois heures et demie du matin quand nous retrouvâmes le silence des rues enneigées et la morsure de l'air glacé. Place de l'Opéra, nous avisâmes un *izvoztchik* endormi dans son traîneau. Il était pelotonné dans son grand manteau bleu, la barbe couverte de petits glaçons. Nous le réveillâmes et, après être passés devant le Musée historique, nous arrivâmes au galop des chevaux sur la place Rouge. Au-dessus du mausolée de Lénine, le drapeau rouge, émergeant d'un dôme vert, se détachait sur les murs rose-rouge du Kremlin, symbole du règne des Moscovites endormis. Mais tous ne dormaient pas. Comme nous arrivions sur les bords de la Moskova, cinq hommes débouchèrent d'une petite rue, jouant de la balalaïka et élevant doucement leurs voix vers le ciel nocturne, tels des rossignols en plein mois de juin.

De la Russie au Tibet,
traduit de l'anglais par Michel Pétris

On pourrait raconter Moscou à travers la saga de ses hôtels. Chéri par l'élite bolchevique d'après la révolution d'Octobre, le Métropole est aujourd'hui l'un des hôtels préférés des hommes d'affaires étrangers et des vedettes du show-biz. Autre temps, autre clientèle. C'est évidemment l'un des plus chers de la capitale, mais on peut se contenter d'y boire un verre pour admirer cette splendeur art déco construite en 1898, ou simplement passer devant en admirant sur sa façade les fresques du peintre Vroubel qui jouent savamment avec la lumière. L'intérieur ne manque pas d'allure (le restaurant par exemple) mais en a perdu beaucoup lors de sa rénovation en 1990 (nombre d'éléments décoratifs ont disparu). Faisant face au Métropole, un autre hôtel, très soviétique celui-là, le Moskva, construit en 1935, hôtel vaste (pas autant que le Rossia près de la place Rouge, monstre qui peut accueillir 5 000 personnes) à la façade asymétrique : on dit que les architectes présentèrent deux plans à Staline, personne n'ayant compris son choix, on opta pour les deux ! En face du Mosvka, ou presque, l'hôtel National qui donne sur la place du Manège. Le rival du Métropole, datant de la même époque. Ses murs sont, eux aussi, lourds de secrets. Le terroriste Boris Savinkov, dont Churchill vantait l'« irremplaçable franchise », au début de son roman largement autobiographique, *Le Cheval blême* (Phébus), en restitue l'atmosphère : « A l'hôtel, tout m'était familier jusqu'à l'écœurement : le portier en livrée bleu foncé, les miroirs dorés, les tapis. Dans ma chambre, un divan élimé, des rideaux poussiéreux. Sous la table, j'ai trois kilos de dynamite. »

ANDREÏ PLATONOV

Moscou la belle

Auteur phare de la nouvelle littérature russe, Andreï Platonov, l'auteur de Tchevengour *(Laffont), venu de Voronej, acheva sa vie à Moscou en 1951, boulevard Tverskoï, dans un cagibi de l'Institut de la littérature (l'ancienne « maison Herzen ») qui forme les futurs écrivains.*

Après ses études secondaires, Moscou, comme tout être jeune, se mit inconsciemment à rechercher la voie de son avenir, dans l'heureuse bousculade humaine ; ses bras aspiraient à l'action, son cœur exigeait héroïsme et fierté, son esprit pressentait le triomphe d'un destin qui, s'il restait mystérieux, serait hors du commun. Il n'était nulle part où Moscou et ses dix-sept ans eussent pu s'imposer d'eux-mêmes, Moscou attendait une invite, soucieuse, eût-on dit, de préserver le don précieux de la jeunesse et la force qui avait grandi en elle. Aussi fut-elle, un temps, étrange et solitaire. Un homme de hasard fit un jour sa connaissance et la conquit par son sentiment et son amabilité ; alors, Moscou Tchestnova l'épousa, gâchant d'un coup et pour toujours son corps et sa jeunesse. Ses bras robustes qui semblaient faits exprès pour l'action la plus audacieuse s'adonnèrent aux étreintes ; son cœur, en quête d'héroïsme, n'aima plus qu'un homme roué qui s'était saisi d'elle comme d'un bien naturel et inaliénable. Un matin, pourtant, Moscou éprouva une honte si angoissante de sa vie, sans bien discerner pourquoi exactement, qu'elle déposa un baiser d'adieu sur le front de son mari endormi et quitta la pièce où ils logeaient, n'emportant pas même une robe de rechange. Elle erra jusqu'au soir par les boulevards et les rives de la Moscova, ne sentant que le vent de septembre pleure-menu, sans penser à rien, vide et lasse. La nuit venue, elle voulut se réfugier dans quelque caisse, trouver un kiosque vide de l'Union commerciale de Moscou, ou autre chose encore, ainsi qu'elle avait accoutumé de le faire au temps de son enfance errante, mais elle s'aperçut qu'elle était grande depuis longtemps et ne pourrait se glisser où que ce fût sans se faire prendre. Elle s'assit sur un banc dans l'obscurité d'un boulevard nocturne et y somnola, prêtant l'oreille au marmonnement des voleurs et des voyous sans toit ni loi qui vagabondaient aux alentours.

Moscou heureuse,
traduit du russe par Anne Coldefy-Faucard

« Les manuscrits ne brûlent pas », disait Boulgakov. La preuve : après la chute de l'URSS, on a retrouvé ce roman de Platonov dans les archives de l'écrivain et un autre de ses textes... dans son dossier au KGB. Andreï Platonov a la belle idée de prénommer Moscou son héroïne. Une jeune et belle femme qui a tout perdu. Sa famille, sa maison. Mais la révolution a fait d'elle une parachutiste. Belle parabole. Et beau portrait que celui de cette femme volontaire, téméraire, obstinée. Elle rencontre des hommes : un communiste internationaliste, un marginal, un chirurgien.

Tous sont amoureux d'elle, de Moscou la belle. Elle les inspire, elle les transforme. Elle est comme la ville dont elle porte le nom : irrésumable, donc invincible.

VIVRE MOSCOU

WALTER BENJAMIN

Moscou en hiver

Walter Benjamin séjourna dans la capitale russe de décembre 1926 à février 1927. En plein hiver, donc. Il y écrivit son foisonnant Journal de Moscou *(traduction aux éditions de l'Arche), mais à son retour en Allemagne, il publie aussi un long article sur la ville pour la revue* Die Kreatur *que dirigeait Martin Buber.*

Le Moscou hivernal est une ville silencieuse. L'immense activité des rues se déroule en silence. C'est l'effet de la neige. Mais c'est aussi la conséquence du caractère archaïque de la circulation. Les signaux des autos dominent l'orchestre de la grande ville. Mais à Moscou il y a bien peu d'autos. On ne fait appel à elles que pour les mariages et les enterrements et pour l'exercice accéléré du pouvoir. Il est vrai que le soir elles affichent des lumières plus vives qu'elles n'auraient le droit de le faire dans n'importe quelle autre grande ville. Et les cônes lumineux pénètrent la nuit de manière si aveuglante que celui qu'ils saisissent reste paralysé et n'ose plus bouger. Devant la porte du Kremlin les gardes restent debout dans la lumière aveuglante avec leurs insolentes pelisses ocre jaune. Au-dessus d'eux brille le signal rouge qui règle la circulation à l'entrée et à la sortie du Kremlin. Toutes les couleurs de Moscou convergent en prisme ici, au centre du pouvoir russe. Les faisceaux lumineux des phares trop puissants fouillent l'obscurité. Leur éclat effraie les chevaux des cavaliers qui ont un grand terrain d'exercice dans le Kremlin. Des piétons se faufilent entre les autos et les chevaux rétifs. De longues rangées de traîneaux qu'on débarrasse de la neige. Des cavaliers solitaires. Des bandes silencieuses de corbeaux se sont établies en colonies sur la neige. L'œil est infiniment plus occupé que l'oreille. Les couleurs ont leur intensité maximale sur fond blanc. Le moindre lambeau de couleur éclate à la lumière du ciel. Des livres d'images gisent sur la neige.

Moscou, traduit de l'allemand par Jean Lacoste

Qui n'a pas vu Moscou sous la neige n'a pas vraiment vu Moscou. Jours magiques que décrit parfaitement Benjamin. Il faut se réveiller un matin dans la grande ville alors qu'il a neigé toute la nuit et entendre le bruit des larges pelles qui ramassent la neige pour frayer des chemins. Tout semble ralenti, presque irréel. Cela peut durer quelques heures, quelques jours. Car, bientôt, les chaussées salées par des engins d'un troisième type transforment la couche immaculée en bouillasse, la ville redevient sale, fatiguée. Des entreprises qui sont payées au poids de neige (sale) ramassée s'affairent dans les artères. Restent les jardins, les parcs aux statues recouvertes d'un blanc manteau, restent les toits du Kremlin où la neige s'attarde plus longtemps qu'ailleurs. La neige moscovite est le baume de ses hivers, lesquels n'en finissent pas. Il arrive que la neige tombe au mois de mai.

MICHEL OSSORGUINE

Moscou au printemps

L'auteur évoque une rue de Moscou où habitent un vieil ornithologue et sa petite fille Tanioucha, héros de son roman. L'époque est trouble : la Grande Guerre, les événements de 1917. Un siècle plus tard ou presque, le ballet des saisons reste le même. Et chaque année l'arrivée du printemps est un événement.

Lentement, avec hésitation, vint le printemps si longtemps attendu. Il se déversa en ruisseaux malpropres dans les rues de Moscou, répandant les maladies contagieuses et la puanteur des cours non balayées. La petite maison du professeur, dont le toit n'avait pas été débarrassé à temps de la neige, souffrit un peu, elle aussi. Dans d'autres maisons, l'eau dégouttait des plafonds et les tuyaux, qui avaient éclaté durant l'hiver, provoquaient des infiltrations d'eau et de boue à travers les murs, tandis que, dans les sous-sols inondés, fondaient les derniers glaçons jaunâtres.

En revanche, on pouvait maintenant enlever les petits poêles, abandonner les bottes de feutre trempées et même ouvrir les portes principales qui avaient été clouées cet hiver-là, et par crainte et pour se préserver du froid.

C'est la nature elle-même qui procéda à la toilette printanière de la ville. Mais les humains se mettaient aussi à l'aider quand il leur apparaissait que, si absurde et famélique qu'elle fût, la vie devait continuer.

Dans la cour d'un grand immeuble de la Dolgoroukovskaya, où presque tous les appartements étaient loués à des familles d'ouvriers, le nettoyage était exécuté sur l'ordre du comité de maison. Il y avait beaucoup de pelles, très peu de brouettes et un seul tombereau… mais sans cheval. On transportait dans la rue la neige et les ordures et l'on s'en débarrassait à la première occasion en les vidant dans l'eau courante du ruisseau. C'était Denissov, président du comité de maison, ancien commis dans l'épicerie maintenant fermée du même immeuble, qui dirigeait les travaux en personne.

Les habitants de la maison travaillaient nonchalamment, sous la menace d'une poursuite, sinon d'une arrestation. C'étaient les femmes qui s'activaient le plus. Parmi les hommes, le plus vigoureux et le plus habile était le locataire Astafiev, le dernier membre de l'intelligentsia et de la bourgeoisie admis à habiter la maison. Denissov vint à lui :

– Eh bien, on s'habitue, camarade Astafiev ? C'est un travail désagréable et dur, n'est-ce pas ?

– Je n'ai pas l'intention de m'y habituer, mais, s'il faut le faire, je le fais. Il eût mieux valu enlever la glace et la neige en hiver.

Une rue à Moscou, traduit du russe par Léo Lack

On l'attend longtemps, on désespère de le voir arriver, et puis d'un seul coup le printemps est là : la neige est vaincue. Elle se meurt et tout ce qui avait été caché pendant de longs mois apparaît au grand jour. Ce n'est pas toujours beau à voir et ce que décrit Ossorguine au début du XXe siècle vaut pour aujourd'hui. Alors, un samedi, dans chaque pâté de maisons, on procède à un grand nettoyage collectif. Le régime communiste n'est plus mais cette tradition perdure. On ramasse les papiers sales que la neige avait dissimulés, on ratisse, on retourne la terre et puis tout recommence. Moscou se peuple alors de petits marchés temporaires où l'on vend des semences de légumes, de fleurs. Car l'arrivée du printemps annonce la saison des datchas et de leurs sempiternels et indispensables potagers.

VLADIMIR SOROKINE

La queue

Ex-écrivain de l'underground de la fin des années soviétiques, Vladimir Sorokine est aujourd'hui l'un des chefs de file de la génération post-moderne, irrévérencieuse, ironique. Le dernier livre de l'auteur s'est vu attirer sur lui les foudres des jeunesses poutiniennes. Voici un extrait du texte qui l'a fait connaître, publié à Moscou en 1985 dans la revue Syntaxis.

– Camarades, qui est le dernier ?

– Je crois que c'est moi, mais derrière moi, il y a encore une dame en manteau bleu.

– Je suis derrière elle, alors ?

– C'est ça. Elle revient tout de suite. Mettez-vous derrière moi en attendant.

– Et vous, vous restez là ?

– Oui.

– Je voulais m'absenter une minute, juste une minute...

– Il vaudrait mieux attendre la dame parce que y'en a d'autres qui vont arriver et qu'est-ce que vous voulez que je leur dise, moi ? Attendez, elle a dit qu'elle ferait vite...

– Bon, d'accord, je vais attendre. Ça fait longtemps que vous faites la queue ?

– Non, pas très...

– Et on a droit à combien par personne, vous ne savez pas ?

– Non, j'en sais rien... j'ai même pas demandé. Vous ne savez pas combien on peut en acheter par personne, madame ?

– Aujourd'hui, je ne sais pas, mais hier, j'ai entendu dire que l'on pouvait en acheter deux.

– Deux ?

– Oui. Au début, c'était quatre et ensuite, deux.

– Eh ben, dites donc, c'est pas beaucoup ! Ça ne vaut pas le coup de faire la queue alors...

– Mais faites-la à deux, vous en aurez deux fois plus. Il y en a ici qui la font à trois.

– À trois ?

– Oui.

– Mais y'en a pour toute la journée comme ça !

– Mais non, voyons. Les vendeuses sont rapides ici.

– On dirait pas. On n'a pas bougé...

– C'est parce que ceux qui s'étaient absentés là-bas sont revenus et ils sont nombreux...

– C'est ça, ils s'absentent et ensuite ils reviennent !

– C'est rien, ça va aller vite maintenant...

– Et vous ne savez pas combien on peut en acheter par personne ?

– Trois, on dit.

– Bon, ça peut encore aller ! Du côté de la gare de Saviolovski, c'est toujours un par personne.

– Ça ne rime à rien d'aller là-bas, de toute façon les premiers arrivés raflent tout...

– Dites-moi, la queue était aussi longue hier ?

– Presque, oui.

– Et vous avez déjà fait la queue hier ?

– Oui.

– Longtemps ?

– Non, pas très…
– Ils ne sont pas trop froissés ?
– Au début, ça va, mais sur la fin il y a vraiment de tout.
– Sûrement qu'aujourd'hui encore ils prendront les mieux, et les défraîchis, c'est nous qui les aurons…
– Mais non, je les ai vus, et ils sont tous pareils.
– C'est vrai ?
– Oui, les défraîchis, ils les mettent de côté.
– Tu parles qu'ils les mettent de côté !
– Mais si, ils sont obligés de les retirer provisoirement de la vente et d'en faire l'inventaire.
– Mais qu'est-ce que vous racontez ! Ils sont obligés, ben voyons ! Ils se font du beurre avec ça, vous inquiétez pas… Ils les revendent au noir ensuite…
– De toute façon, on verra bien, c'est pas la peine de se chamailler…
– Ah, voilà la dame qui revient. Vous êtes derrière elle.
– La grande, là ?
– Oui.
– Je suis derrière vous, alors ?
– Sûrement. Moi je suis derrière ce citoyen.
– Alors, je suis derrière vous.

La Queue, traduit du russe par Catherine Terrier

Dans les années soviétiques, on faisait la queue à Moscou pour tout et n'importe quoi. Chaque citoyen ne sortait pas sans son « avoska », son « au cas où », un sac, généralement un filet. Au cas où il y aurait un arrivage. Ces années de pénurie ne sont plus, les magasins moscovites sont bien pourvus, mais le rituel de la queue perdure dans les administrations, les consulats, partout où il vous fait obtenir un « document » (le mot est aussi russe). Alors la personne qui arrive demande immanquablement comme dans le roman de Sorokine : « qui est le dernier ? ». Le dernier n'est pas forcément là car il a prévenu celui qui le précède de sa courte absence : il est parti chercher des cigarettes et revient tout de suite. Souvent quelqu'un s'autoproclame chef de queue et sur un morceau de papier note le nom des arrivants. Quand son tour arrive, il confie le papier à un collègue de queue. C'est là un formidable lieu de vie, de rencontres, tour à tour de solidarité et de disputes (les resquilleurs), chacun est embarqué dans la même galère.

PIERRE HERBART

La propiska

Dans un livre qui tient à la fois de l'essai et de l'autobiographie, Pierre Herbart, qui fut le compagnon de voyage d'André Gide lors de son fameux séjour en URSS, raconte, sans fard, sa vie à Moscou, alors que, membre du parti communiste, il fut de 1935 à 1936 directeur de la Revue internationale.

Étais-je au bout de mes peines ? L'accueil que je reçus au numéro 33 fut glacial. Le camarade était russe mais s'exprimait parfaitement en français.

– Votre propuce ? dit-il d'abord.

Il étudia longuement le document.

– Vous êtes en retard, remarqua-t-il sans lever les yeux.

– Observez, dis-je, que le premier cachet marque quatre heures moins cinq. Ensuite...

– Ensuite vous vous êtes égaré.

Il sursauta :

– Vous êtes allé en B'!

– En B'?

– Oui, là. (Il montrait le dernier cachet.) C'est B'.

– Je suis même entré en face, au 211, avouai-je.

Il leva alors les yeux et me considéra avec perplexité.

– Vous avez vos papiers ? demanda-t-il. Votre carte du parti ?

Il étudia ma carte.

– Comme c'est mal écrit, dit-il. On lit à peine votre nom.

– Le secrétaire de ma cellule est un simple manœuvre, expliquai-je.

Il me jeta encore un coup d'œil.

– *Bezkoultournyi,* murmura-t-il, rêveur.

Il se ressaisit, me tendit la main par-dessus son bureau et m'indiqua un siège.

La Ligne de force

Tout habitant de la ville de Moscou se doit d'être pourvu d'une « propiska », qu'Herbart francise en « propuce ». C'est le « Sésame ouvre-toi », le document tant espéré par les milliers de Moscovites clandestins qui vivent dans la ville et, faute de ce précieux bout de papier, se font racketter par les policiers. Ce permis de séjour inventé par les Soviétiques est évidemment un moyen de contrôle sur les citoyens et sur leurs déplacements. L'étranger qui visite Moscou pour un court séjour ignore cette contrainte, mais s'il reste plus de trois jours dans la ville, il doit être « déclaré » auprès des autorités. L'hôtel s'en charge, mais si vous habitez chez un particulier, ce dernier se verra dans l'obligation d'effectuer cette absurde mais obligatoire démarche administrative.

ANASTASSIA TSVÉTAEVA

Les samedis

Dans ses Souvenirs, *la sœur de la poétesse russe Marina Tsvétaeva, décrit avec beaucoup de tact le bonheur de vivre de l'adolescente bourgeoise qu'elle fut avant la révolution à Moscou.*

Le lycée occupait de plus en plus de place dans ma vie. Nous aimions nos professeurs, la sérieuse et attentive L. Voskressenskaïa (qui nous enseignait le russe), le joyeux S. Grigoriev, passionné de géographie et qui nous transmettait sa passion. Mais celle qui était la plus proche de nous était Éléna Nikolaïevna Orlovskaïa, qui le remplaça bientôt. Nous sentions qu'elle avait des sympathies révolutionnaires. La simplicité et la tendresse avec lesquelles elle s'adressait à nous nous émouvaient, c'était comme si elle pensait en nous regardant : « Vous grandirez et vous y viendrez, vous aussi ! Il n'y a pas d'autre voie... » Et nous, en réponse, avec angoisse et confiance, nous nous sentions comme ses amies, ses complices. Je me sentais heureuse en sa présence, heureuse parce que forte. Comme si une main avait ôté tout le poids que j'avais sur le cœur, toutes les difficultés du jour. La vie s'étendait devant moi comme une ligne droite et la voie à suivre était claire parce qu'on y avait pour compagnons des gens comme Éléna Nikolaïevna,

Maria Henrikhovna, Kobvlianski et qu'on y devenait comme eux.

Éléna Nikolaïevna avait organisé le samedi soir des réunions de notre classe de troisième dans les locaux du lycée, avec des lectures, des discussions et des dégustations de thé.

Ces réunions n'étaient pas obligatoires. Certains parents ne laissaient pas leurs filles y aller, environ la moitié de la classe. L'assistance était assez variée.

Je ne manquais jamais un samedi, comment l'aurais-je pu ? C'était toute ma vie. Je récitais à Éléna Nikolaïevna le poème de Marina *Aux victimes des crépuscules scolaires*, que j'aimais tant.

Marina sympathisait totalement avec mes samedis, avec mes récits sur Éléna Nikolaïevna, elle s'y intéressait, me posait des questions.

C'est samedi. Les cloches sonnent dans tout Moscou. Dans les rues et les ruelles marchent les gens qui vont à l'église. Voici une vieille *niania* « typique », vêtue d'un chaud petit manteau d'où dépasse un tablier. En été, elle porte, bien entendu, une large jupe froncée avec un caraco par-dessus et sur la tête un fichu avec la pointe à l'arrière et une bordure fleurie. Elle tient un enfant par la main. Il traîne les pieds, il reste en arrière, il a la tête en l'air et regarde le ciel où grondent et bourdonnent les cloches. Comme je connais cette *niania*, la *niania* russe éternelle, toujours la même avec des fichus, des jupes, des châles, des caracos, des manteaux de couleurs différentes ! Pouchkine en avait une comme cela et moi aussi, j'avais une *niania*, et je marchais en la tenant par la main le long de cette même rue des Lattes, je traînais, je regardais les étoiles, j'écoutais les cloches… Je les dépasse en courant, mon cœur bat, j'ai peur d'être en retard au lycée. Tout le monde est sûrement déjà là, elles vont commencer à lire Korolenko.

Souvenirs, traduit du russe par Michèle Kahn

C'est samedi. Hiver comme été les Moscovites envahissent les rues. Il faut aller à leur rencontre rue Arbat (qui n'est pas seulement une rue pour touristes étrangers), place Pouchkine, dans le parc Gorki ou au parc Sokolniki ou même au parc des Expositions désormais envahi de boutiques, au stade Dynamo s'il y a un match ou bien au stade Loujniki ; il faut aller flâner dans les vieilles rues de Moscou derrière le Bolchoï ou encore chiner au marché aux puces d'Izmaïlovo. Partout, quel que soit votre parcours, vous verrez des vieilles femmes russes qui ressemblent à ces « nianias », cette éternité russe que décrit si bien Tsvétaeva. Toute la bourgeoisie moscovite confiait ses enfants aux nianias (que le mot nourrice traduit mal car elles sont comme des grands-mères). Et les nianias ont ainsi traversé dignement toute la littérature russe. Aujourd'hui, les nianias n'ont pas toujours des enfants à élever. Alors, elles rejoignent la cohorte des vieilles femmes russes, des « petites mères » qui attendent sur une chaise dans les romans. Ce sont elles que l'on voit, particulièrement le samedi, vendre dans les endroits passants un pull tricoté dans la semaine, des chaussettes, parfois des chatons.

VLADIMIR MAKANINE

Le métro

Écrivain contemporain, vivant entre sa datcha et Moscou, Makanine, dans son dernier roman traduit en français, évoque en toute connaissance de cause le Moscou des années 60 et 70 à travers le milieu underground et, comme il se doit, l'incomparable métro moscovite.

Dans le métro, à minuit, j'ai eu la chance de m'installer dans un coin et, sans bouger, je me suis laissé transporter par la ligne de ceinture. Cependant, la ligne de ceinture (si paradoxal que cela paraisse) a parfois son terminus : le train a été dévié sur une voie de garage. Où j'ai eu droit à un savon.

Sous les injures et les quolibets (et les menaces d'appeler la police), on nous a mis, moi et quelques autres ivrognes qui s'étaient assoupis, dans un train repartant en sens inverse. Mon ébriété se voyait donc tant que ça ? Je tenais pourtant debout. (Quand un under ne tient plus debout, c'est fini pour lui.) Comme elle criait fort contre moi, cette femme en casquette rouge armée d'un bâton de chef de gare.

Me voici à nouveau assis dans un train, les fesses au chaud. Dans la pose d'un cocher, épaules rentrées et tête pendante (pas sur le côté mais sur la poitrine), je roule, je roule… Mes vacances à moi. Ne plus penser à rien. Mon nirvana. (Par n'importe quel temps. Pas besoin de parapluie, il ne pleut jamais.) Il suffit de descendre, de plonger sous terre, pour que je m'apaise dans ce havre de paix monté sur rails, dans la cohue des voyageurs ; leur socialité banalisée (autre plateau montagneux) accueille instantanément le nouveau venu, aussitôt dissous dans la masse. L'important est d'arriver à temps au métro. Si vous voulez, il s'agit là de cette minute dramatique dont le cinéma use et abuse. Il n'a pas le temps de traverser le pont (le pont explose). Ils n'ont pas le temps de fuir à l'étranger (on les arrête). Ils n'ont pas le temps de quitter l'hôtel (où sévit la peste bubonique). Moi non plus, parfois, je n'ai pas le temps de plonger dans le métro où le train vrombissant, tel un gigantesque guérisseur aux multiples mains, m'offre un siège confortable, me berce et, peu à peu, me délivre de cette douleur dans les tempes.

Un homme avec un chien. Il n'y avait pas énormément de monde dans le wagon, mais tout de même quinze ou vingt personnes, et le chien a soudain posé la tête sur mes genoux. Les miens, pas ceux d'un autre. Il s'est calmé. Il n'a plus aboyé une seule fois, tant je respirais le calme et la paix dans ce monde souterrain. Les voyageurs acariâtres se sont tus, cessant d'apostropher le maître du chien. Qui m'a soufflé (sans doute l'effet de surprise) : Merci. Merci beaucoup. Il est descendu à la station Parc culturel. Son chien trottinait derrière lui le long du quai. La queue entre les pattes, craignant de nouveau la bousculade et les cris. Privé de mon aura, l'animal avait replongé dans un univers de peur.

Underground ou un héros de notre temps,
traduit du russe par Christine Zeytounian-Beloüs

Le métro moscovite n'est pas seulement une curiosité à ne pas manquer, c'est une institution et quasiment une ville. Dans ses couloirs on peut acheter des médicaments, des fleurs, des CD, des journaux, bref, y faire ses courses. De plus, contrairement à celui de New York, c'est un endroit sûr, les faits divers y sont extrêmement rares, il faut dire que des gardiennes souvent revêches veillent au pied des profonds escalators, la main sur un téléphone qui les relie à la milice, laquelle a une antenne dans chaque station ou presque. C'est en 1931 que la session plénière du comité central du parti communiste de l'URSS décida la création du métro, quatre ans plus tard la première ligne entrait en service reliant les stations Sokolniki et Parc-Koutoury (dont il est question dans le texte). Aujourd'hui c'est un réseau complexe, rapide, pratique, avec une ligne circulaire qui suit le pourtour du centre de la ville. Casse-tête pour les étrangers, outre l'alphabet cyrillique, il arrive souvent qu'une même station, que dessert plusieurs lignes, porte plusieurs noms, un par ligne. Il faut s'y perdre. Car aucune station n'est décorée de la même façon. Gavé de marbre et d'éclairages craquants, on va de stupeur en merveilles.

VASSILI AXIONOV

Éternels embouteillages

Bien que vivant aux États-Unis depuis 1981, Vassili Axionov est l'héritier de la grande tradition de la littérature russe prolixe, alambiquée, mêlant volontiers la grande Histoire russe à des héros de fiction appartenant souvent à une grande famille, et que l'on suit au coin de leur vie quotidienne.

Non, mais vraiment ! Un embouteillage à Moscou la huitième année de la révolution ! Toute la rue Nicolskaïa, qui coule de la Loubianka à la place Rouge à travers le cœur de Kitaï-Gorod, est encombrée de tramways, de charrettes et d'automobiles. Près du *Bazar Slave,* des camions à chevaux déchargent des viviers de poisson. Sous l'arche du passage Trétiakov, montent le hennissement des chevaux, les trompes des camions, les jurons des charretiers. La Milice s'empresse au son de trilles encore naïfs, comme si elle n'était toujours pas pleinement convaincue de la réalité de son rôle essentiellement urbain et non politique, autrement dit, tout à fait normal. On se croirait à un spectacle d'amateurs. Les éclats de rage eux-mêmes sont factices. Ce qui frappe, c'est que tous ces gens-là jouent leur rôle de bon cœur. De fait, le bouchon de la rue Nicolskaïa est un événement heureux, comme un verre de lait chaud après les frissons d'une maladie infectieuse : la vie revient, c'est l'aube de la prospérité.

– Penser qu'il y a quatre ans seulement, ce qui régnait ici, c'était la peste et la famine, seuls erraient çà et là des chanteurs des rues, s'étirait une queue sans espoir aux pommes de terre germées et seules les « Maroussia » de la Tchéka sillonnaient cette rue, disait le professeur Oustrialov. Voilà, mister Reston, la théorie du *Changement de Jalons* dans son incarnation pratique.

Deux messieurs d'âge à peu près égal (trente-cinq à quarante ans) sont assis côte à côte sur le siège d'une Packard bloquée rue Nicolskaïa. Tous deux vêtus à l'européenne, dans de confortables complets du bon faiseur, mais, à quelques détails insignifiants et pourtant perceptibles, il est facile de reconnaître en l'un un Russe, en l'autre un véritable étranger, plus que cela : un Américain.

Une saga moscovite, traduit du russe par Lily Denis

Avant de nous raconter l'histoire des Gradov, une famille de grands intellectuels russes sous le règne de Staline (1924-1953), Vassili Axionov ouvre son roman par une scène d'embouteillage en plein Moscou qu'il situe huit ans après la révolution d'Octobre 1917. La scène pour être véridique n'en est pas moins ironique, car après des dizaines d'années de calme, la Moscou d'aujourd'hui, à l'heure de l'économie de marché, est une ville on ne peut plus embouteillée du lundi au vendredi. S'ensuit une forte pollution, accentuée par l'air stagnant et les fumées des centrales thermiques qui alimentent le chauffage urbain. Mais les temps ont changé : les voitures étrangères ont remplacé les charrettes et telle ancienne librairie au centre de la ville est devenue un magasin d'exposition pour modèles de luxe.

VÉNÉDICT EROFEIEV

Sainte Vodka

Écrit clandestinement, ce livre quasi unique et largement autobiographique d'Erofeiev allait devenir un livre culte dans son pays comme à l'étranger. L'auteur est mort en 1990 dans l'anonymat. Aujourd'hui, à la gare de Koursk, on voit sa silhouette coulée dans le bronze se dirigeant vers le quai où doit partir un train de banlieue pour Petouchki.

– Voyons... À quel moment précis as-tu acheté ces bonbons, hier ? Après les deux verres de vodka du Chasseur ? Non, après je n'avais pas l'esprit aux bonbons. Entre le premier et le deuxième verre ? Non plus. Entre les deux la pause n'a pas excédé trente secondes. Et qu'aurais-je pu faire en trente secondes ? Je ne suis pas un surhomme ! Un surhomme, d'ailleurs, se serait écroulé dès le premier verre, avant même le deuxième... Alors quand ? Dieu de miséricorde, que de mystères en ce monde ! Voile impénétrable ! Était-ce avant la Coriandre ? Était-ce entre la bière et l'Albe-de-dessert ?...

MOSCOU.
LE BUFFET DE LA GARE DE KOURSK

Non, pas entre la bière et l'Albe-de-dessert, je suis sûr qu'entre les deux il n'y a pas eu de pause. Mais avant la

Coriandre, là c'est très possible... Ou plutôt non : j'ai acheté les noisettes avant la Coriandre et les bonbons après. À moins que ce ne soit le contraire : d'abord la Coriandre et...

– Pas de boissons alcoolisées, déclara le videur, qui me toisa des pieds à la tête comme il aurait fait d'un oisillon crevé, d'une pâquerette piétinée.

– Pas de boissons alcoolisées...

Je m'étais fait tout petit de désespoir, mais je parvins quand même à bredouiller que je n'étais pas du tout venu pour ça. Les raisons me manquaient-elles d'être là ? Peut-être que (pourquoi pas ?) l'express de Perm ne voulait pas aller à Perm, et que j'étais venu manger un bœuf Stroganoff accompagné à la radio par Ivan Kozlovski ou un morceau du *Barbier*.

Mais j'avais tout de même pris ma mallette avec moi et, comme tout à l'heure dans l'escalier, je la serrais sur mon cœur en attendant de passer la commande.

Pas de boissons alcoolisées ! Sainte Vierge ! Mais, s'il faut en croire les anges, le xérès ne tarit jamais ici ! Pour l'instant en tout cas, il n'y a que de la musique, et quelle musique ! un chien qui vocalise. Aucun doute : c'est Ivan Kozlovski. J'ai tout de suite reconnu sa voix, il n'y en a pas de plus exécrable. Tous les chanteurs ont une voix également exécrable, mais chacun à sa façon, et je les distingue aisément. Là, bien sûr, c'est Ivan Kozlovski... « O-ô-ô, hanap de mes aïeu-eu-eux... O-ô-ô, laisse-moi te contempler à la lumière des étou-â-â-les nocturnes... » C'est Kozlovski, incontestablement. « O-ô-ô, pourquoi m'as-tu enso-o-orcelé... Ne me repousse pa-a-as... »

– Vous commandez quelque chose ?

– Qu'avez-vous à m'offrir ? Rien que de la musique ?

– Pourquoi « rien que de la musique » ? Nous avons aussi du bœuf Stroganoff, des pâtisseries, du pis de vache...

De nouveau la nausée qui m'assaille...

– Et du xérès ?

– Pas de xérès.

– Curieux. Du pis de vache et pas de xérès

– Tr-r-ès curieux, en effet. Du pis. Et pas de xérès.

Et on me laissa. Moi, pour enrayer la nausée, j'entamai l'examen du lustre au-dessus de ma tête.

Moscou-sur-Vodka,
traduit du russe par Annie Sabatier et Antoine Pingaud

Dans son *Journal*, Mikhaïl Boulgakov évoque plusieurs fois la vodka et salue l'arrivée d'une vodka légère de 30°, dix degrés en dessous du breuvage habituel, baptisée par le public « rykovka » (Rykov, l'un des personnages politiques important des années 20 et 30, passait pour aimer beaucoup la vodka). Combien la littérature russe a-t-elle englouti de grammes de vodka ? Plus ou moins que les hommes politiques ? Aucun Russe n'a encore songé, sauf peut-être au fin fond d'une nuit alcoolique, à se livrer à ces sombres calculs. Mais il est certain que la palme de la consommation revient au héros de Venedict Erofeiev, qui écrivait en toute connaissance de cause. On ne commande pas « un verre » de vodka, mais, au minimum, « sto » (cent) grammes, le mieux est encore de passer directement à la bouteille, laquelle ne saurait rester entamée et remisée au frais : toute bouteille de vodka ouverte se doit d'être bue jusqu'à la dernière goutte. Tout cela s'accompagne de zakouskis, des petites bricoles salées qui retardent l'effet de l'alcool, et les toasts sont de rigueur. C'est vrai partout en Russie, ça l'est encore plus à Moscou où pas un marché d'affaires ne se conclut sans que l'on porte un toast, verre en main. La vodka est un agent émoustillant de l'amitié entre les hommes, entre les hommes et les femmes, entre les peuples. Mais l'hiver, une méchante vodka (il en est de frelatées) conduit au tombeau le pauvre hère solitaire qui tombe sur le sol gelé et ne se relève pas. C'est le cas de plusieurs milliers de personnes chaque année à Moscou.

ALEXANDRA MARINA

Au coin du bar

L'auteur travaillait encore dans la police moscovite quand elle a commencé à écrire... des romans policiers. Le succès fut tel qu'elle a préféré quitter son poste il y a quelques années pour se consacrer entièrement à son héroïne, l'enquêtrice Anastasia Kamenskaïa. Roman après roman, elle brosse par petites touches une Moscou à la fois ordinaire et interlope.

L'atmosphère dans le bar de nuit était sombre, étouffante et bruyante. C'était le domaine des prostituées de moyenne catégorie : il fallait les payer en dollars, mais des petites coupures suffisaient. Quant aux représentants du crime organisé, ce n'étaient ni des voyous ni des caïds. Bref, la classe moyenne du milieu marginal, la petite bourgeoisie de la faune nocturne. Côté clients, il y avait également les habituels amateurs de sensations fortes. L'établissement n'était pas particulièrement bien tenu, le plancher aurait pu être mieux lavé et les verres plus propres. À l'origine, le bar avait été conçu pour être un endroit décent et calme, où une clientèle aisée pourrait discuter de ses problèmes à mi-voix pendant que des couples d'amoureux organiseraient leurs affaires de cœur autour de verres de champagne d'importation. La vie en avait décidé autrement : le premier propriétaire avait disparu sans laisser de traces. L'établissement avait alors changé de mains à plusieurs reprises pour dégringoler progressivement au niveau criminel moyen. On n'y procédait pas à des règlements de comptes et personne n'y était passé à tabac, mais une violence diffuse flottait dans l'air, menaçant de se concentrer soudain en coups et blessures bien réels.

Installée à sa table préférée dans un coin, Ioulia sirotait une liqueur de banane dans un petit verre. Près d'elle était assise Oksana, dite Cobra, sa nouvelle copine. C'était une grande brune svelte, à la chevelure lisse ramenée en arrière. Ses yeux noirs étaient très écartés et elle avait l'habitude bizarre de fixer longuement ses interlocuteurs d'un regard lourd et envoûtant. Son surnom lui venait de là. Ça excitait les clients. Cobra était une professionnelle et, en voyant Ioulia pour la première fois, quelques semaines auparavant, elle l'avait soupçonnée d'être une concurrente venue lui faucher l'herbe sous le pied. Elle avait failli se lancer dans une explication plutôt rude avec la nouvelle, mais avait rapidement compris que la jolie rousse ne prétendait pas attirer l'attention de clients potentiels. En fait, elle était indifférente aux mâles. Non qu'elle fût frigide ou lesbienne : simplement, les hommes la fatiguaient. Les deux jeunes femmes étaient vite devenues copines.

Ce jour-là, elles faisaient des plans pour un voyage sur les rives de la Méditerranée. Ioulia avait très envie de partir en Italie, mais elle avait peur d'y aller toute seule.

– Tu n'as qu'à prendre un mec avec toi, lui conseilla Cobra. Tu auras quelqu'un pour te protéger et tu ne t'ennuieras pas.

– Mais non, lui répondit Ioulia avec une grimace. Il me gâchera tout le plaisir. Et toi, tu ne veux pas venir avec moi ?

– Tu parles ! lui lança Cobra stupéfaite. Je n'ai pas d'argent à dépenser comme ça. Je meuble mon apart et chaque kopeck compte.

La Mort pour la mort,
traduit du russe par Galia Ackerman et Pierre Lorrain

Les bars comme celui que décrit Marinina se sont multipliés à Moscou après l'éclatement de l'URSS, leur destin fut plus ou moins fragile. La mafia veille sur ces lieux de nuit, hier comme aujourd'hui. Puis sont arrivés les casinos, les bars à strip-tease. Moscou allait-elle devenir la nuit une ville internationale passe-partout ? Non pas. Comme ces lieux fort chers excluaient une bonne partie de la population, on a vu apparaître des cafés meilleur marché qui sont vite devenus les lieux de rendez-vous de la jeunesse. C'est le cas des cafés OGI, créés par un éditeur et un manager de rock, où les prix sont modestes, où l'on peut voir des expos, acheter des livres nuitamment, voire assister à un concert. De tels lieux ne sont plus une exception aujourd'hui dans Moscou. Et puis, miracle, sont même apparus, timidement, maladroitement, des cafés avec terrasse.

CLAUDE SIMON

Une ville théâtrale

Pas de visite à Moscou sans une soirée au Bolchoï. Invité avec d'autres prix Nobel de littérature à Moscou, Claude Simon s'assoit comme il se doit dans cet édifice mythique et décrit la soirée en une longue et splendide phrase.

Longtemps après que les derniers éclats des cuivres eurent retenti, que les derniers roulements des timbales se furent éteints, que le rideau se fut refermé, la salle aux cinq étages de balcons blanc et or en fer à cheval, aux loges et aux sièges garnis de velours pourpre, au lustre gigantesque, continua à crépiter du bruit des applaudissements, comme le tapage d'une grêle sur un toit, noyant tout, submergeant les quelques vivats poussés ici et là, vacillant, reprenant, s'enflant de nouveau, emplissant le vaste vaisseau d'un monstrueux grésillement, vaguement inquiétant, comme celui de ces cataractes sauvages où basculent par milliers des tonnes d'eau, menaçant presque, et à travers lequel les vivats qui redoublaient semblaient comme des cris de détresse, d'alarme, de fureur même, chaque fois que le rideau s'ouvrait à nouveau et que dans les pinceaux blafards des projecteurs s'avançait au centre de la scène la minuscule silhouette semblable à une irréelle apparition qui aurait emprunté son éclat non aux éblouissantes lumières dirigées sur elle mais à sa propre substance :

non pas chair, muscles et peau mais faite, semblait-il, d'une matière phosphorescente, ses contours imprécis, estompés et poudroyants ne dessinant pas tant un corps, de chatoyants replis de soie, qu'une succession d'attitudes : s'inclinant, ployant un genou, ramassant avec grâce l'un des bouquets qui, comme d'insolites projectiles, semblaient jaillir çà et là sous l'effet de ressorts cachés dans la tumultueuse pénombre, s'éparpillaient dans l'éclairage cru de la rampe autour de la danseuse étoile au visage renversé, levé vers les cintres, bras tendus en avant, paumes ouvertes, saluant de nouveau, puis disparaissant, le lourd rideau couleur de sang de nouveau refermé, ses lourdes franges venant s'entrechoquer, rejaillir comme des vagues, s'écarter en sens inverse, se rejoindre, se balançant encore un moment, puis s'immobilisant, les applaudissements et les clameurs maintenant assourdis, les quinze invités continuant toutefois à les percevoir, lointains, s'égrenant, mourant, puis renaissant, s'enflant à nouveau, exigeants, tandis qu'on les guidait dans un dédale de colonnes, de marbre blanc, d'escaliers et de galeries où semblaient errer les inconsolables fantômes des défuntes grandes-duchesses et des défunts chambellans, franchissant à la fin une porte au-delà de laquelle s'ouvrait soudain un espace sans limites ni dimensions précises, c'est-à-dire qu'à l'exception d'un vaste plancher poussiéreux et du rideau de scène baissé (poussiéreux et grisâtre lui aussi de ce côté) qu'elles éclairaient, les lumières aveuglantes de quelques ampoules électriques pendant ici et là se perdaient dans d'indistinctes ténèbres vaguement peuplées de feuillages en carton, de châssis, de toiles peintes ondulant faiblement dans l'aigre courant d'air qui gonflait aussi par moments l'immense rideau de scène à travers lequel parvenait de nouveau, plus proche maintenant mais comme d'un autre monde, le crépitement des derniers rappels, des derniers applaudissements, scandés à présent, obstinés, se raréfiant toutefois peu à peu, se désunissant pour ainsi dire, se désintégrant, de moins en moins nourris puis, à la fin, cessant, laissant place (quoiqu'ils (les quinze invités) aient commencé de l'entendre aussitôt franchie la porte qui donnait accès aux coulisses) à la tranquille cacophonie de coups de marteau et de choses entrechoquées ou traînées comme il en règne sur les chantiers de démolition ou plutôt les lieux de quelque désastre, naturel ou pas, et au centre duquel, grisâtre elle aussi, comme recouverte aussi (ou plutôt faite de, matérialisée à partir de et prête à y retourner) de cette poussière qui semblait, comme une pluie de cendres, s'être indifféremment abattue sur les toiles du décor, les faux nuages d'étamine, le faux clair de lune, les machinistes, le plancher, se tenait la vieille dame, un bouquet de fleurs flétries au creux du coude : une naine presque, fragile dans ses impalpables voiles couleur de poussière, exténuée, les épaules hâtivement recouvertes d'un de ces châles au crochet comme on en voit aux concierges ou aux pensionnaires d'hospices

L'Invitation

Moscou est une ville qui aime, qui a toujours aimé le théâtre. Il y a le Bolchoï (ce qui veut dire grand) bien sûr, lequel est d'ailleurs flanqué de deux autres théâtres, dont le fameux théâtre Maly (petit) cher au dramaturge Alexandre Ostrovski. Mais aussi le Théâtre d'art où l'on créa les pièces de Tchekhov et qui a été réhabilité avec soin il y a quelques années, le Lenkom (de Lénine, et komsomol) devenu un des théâtres favoris des locataires du Kremlin, la Taganka de Iouri Lioubimov, le Vakhtangov, le théâtre Maïakovski, bien d'autres encore. Les salles sont pleines le plus souvent. Le rituel impeccable. D'abord celui du vestiaire (obligatoire et salutaire) où l'on se débarrasse d'un lourd manteau et où les femmes enlèvent leurs bottes pour chausser des escarpins qu'elles ont apportés avant de se recoiffer devant l'un des nombreux miroirs. Puis le rituel du buffet, avant le début et aux entractes, où l'on consomme des zakouskis tout en admirant les photos des acteurs de la troupe. Enfin, à la fin du spectacle, à l'heure des saluts, les spectateurs vont apporter des fleurs à leurs acteurs et actrices préférés. À Moscou, le théâtre n'est pas un lieu réservé à une élite, il appartient à tout le monde, il fait partie de la vie.

PIERRE PASCAL

Chants et icônes

À la fois converti à la Révolution russe, dont il a été le témoin, et fidèle chrétien, Pierre Pascal, dans son Journal, *raconte Moscou au jour le jour, ainsi cette messe de Pâques le 5 mai 1918. Plus tard viendront les désillusions et le retour en France.*

Le public est tout populaire, pour ainsi dire pas de bourgeois, beaucoup de soldats, des femmes du peuple ; on se passe des cierges à placer devant les icônes, et la messe commence. Le patriarche entre, comme on représente le patriarche Nikon, avec le bandeau blanc, un carillon signale son passage, les cloches sonnent. Les chants liturgiques, les chœurs se répondent, puis sort la procession, chacun avec son petit cierge, dans la nuit. Les cloches sonnent, les fusées lancées avec un bruit de fusillade éclatent dans le ciel, les étoiles brillent, on fait le tour de l'église en passant devant des postes de tirailleurs lettons étendus dans la flamme de leur bûcher, et la procession revient devant la porte fermée. Alors éclate « Le Christ est ressuscité d'entre les morts. Par sa mort il a écrasé la mort... »

La foule rentre dans l'église. Les échafaudages intérieurs la gâtent, en cachent les parties, mais elle est toujours la Russie, avec ses piliers enluminés de saints, de prophètes et de moines, son iconostase où les justes se superposent jusqu'au haut de la voûte, ses tombeaux constellés d'images précieuses sur les côtés. C'est la Russie. Et ce peuple de soldats, ces soldats de l'armée rouge, l'étoile à la casquette, tondus à l'ordonnance, sérieux et graves – même celui-là, un chef sans doute, puisqu'il a le sabre, qui passe avec sa blouse le col rentré, largement dépoitraillé – c'est bien la Russie orthodoxe, sous une forme nouvelle. Et le tout, c'est la sainte Russie, emportée dans l'avenir, sans penser à soi. (Blok a tort de représenter les Douze fusillant la sainte Russie.) Un soldat appelle à mi-voix un camarade, pour s'en aller avec lui : « Tovarichtch ! »

Les bourgeois qui, au nom de la religion quelquefois, injuriaient les bolcheviks, ne sont pas ici : la religion est pour le peuple. Et le peuple est révolutionnaire parce que chrétien. Ces mêmes soldats ont fêté le 1er mai, qui, un cierge à la main, chantent maintenant les hymnes sacrés. Lénine, m'a-t-on dit, dans son enfance à Simbirsk, assistait le prêtre à la messe.

Mon journal de Russie, 1916-1918

Si les églises ont repris du service, si les Russes, même anciennement communistes, se déclarent sincèrement orthodoxes, c'est que la foi bien que bafouée n'avait jamais vraiment disparu. Et comme en témoigne Pierre Pascal la ferveur était grande aux lendemains de la révolution de 1917. Moscou compte de nombreux monastères, églises et chapelles orthodoxes, certains ont des sonneurs de cloches attitrés, d'autres sont réputés pour les voix qui y retentissent, ailleurs ce sont les icônes qui impressionnent. Mais rien ne vaut une escapade sur la route de Iaroslav jusqu'à ce monastère que les Soviétiques nommaient Zagorsk (d'après le nom d'un bolchevique assassiné en 1919) et qui a retrouvé son nom de Serguiev Possad (le bourg de Serge). C'est le grand foyer de l'orthodoxie et on y trouve quelques-uns de ses joyaux comme une iconostase d'Andreï Roublev. Sous des hauts murs datant d'Ivan le Terrible, s'y croisent des popes, des étudiants, des pèlerins. Le vent de l'histoire est passé par là.

MARQUIS DE CUSTINE

À la datcha

Le marquis de Custine arrive à Moscou avec des lettres de recommandations. On le reçoit, on le choie, jusqu'au jour où, un soir d'août 1839, on l'emmène à la datcha.

On m'a invité, il y a peu de jours, à dîner dans une maison de campagne. C'est un pavillon situé dans l'enceinte de Moscou; mais, pour y arriver, vous côtoyez pendant une lieue des étangs solitaires, vous traversez des champs qui ressemblent à des steppes; puis, en approchant de l'habitation, vous apercevez au-delà du jardin une forêt de sapins, sombre et profonde, qui n'appartient pas au parc, et qui même ne dépend plus de la ville, dont elle borde seulement la limite extérieure : qui n'eût été charmé comme je le fus, à la vue de ces ombres profondes, de ce site majestueux, de cette vraie solitude dans une ville? Qui n'eût rêvé là d'un camp, d'une horde voyageuse, enfin de tout autre chose que d'une capitale, où se trouve tout le luxe, toutes les recherches de la civilisation moderne? De tels contrastes sont caractéristiques; rien de semblable ne peut se rencontrer ailleurs.

On m'a reçu dans une maison de bois... Autre singularité. À Moscou, le riche est abrité comme le mugic par des planches; tous deux dorment sous des madriers équarris et échancrés du bout, à la manière des solives employées dans les chaumières primitives. Mais l'intérieur de ces grandes cabanes rappelle le luxe des plus beaux palais de l'Europe. Si je vivais à Moscou, j'y voudrais avoir une maison de bois. C'est la seule habitation qui soit d'un style national, et ce qui m'importe davantage encore, la seule qui soit convenable sous ce climat. La maison de bois passe, parmi les vrais Moscovites, pour plus saine et plus chaude que la maison de pierre.

La Russie en 1839

Dès les beaux jours, une fièvre saisit les Moscovites qui, le vendredi midi, n'ont plus qu'un mot en bouche et une idée en tête : la datcha. Pour la plupart des habitants de la capitale ce mot ne signifie pas une de ces belles demeures en bois évoquées par le marquis de Custine ou décrites par Tourgueniev. À quelques dizaines de kilomètres de Moscou (la campagne est proche), c'est un cabanon au cœur d'un potager où l'on va planter des pommes de terre, des oignons, des cornichons, des tomates. La datcha est d'abord un jardin. C'est ensuite un point de départ pour aller en forêt chercher des baies et des champignons, c'est enfin le lieu privilégié des chachlyks, des siestes, des rêveries. Les nouveaux Russes snobent ce beau mot de datcha, ils lui préfèrent celui de « cottage », lequel désigne ces demeures boursouflées en brique rouge ou ocre coiffées de tours, le tout entouré de hauts murs. La vraie datcha se doit d'être en bois.

« Le goût des villes »

Le goût d'Alexandrie
Le goût d'Amsterdam
Le goût de Barcelone
Le goût de Beyrouth
Le goût de Bruxelles
Le goût de Capri et autres îles italiennes
Le goût de Cuba
Le goût de Jérusalem
Le goût de Lisbonne
Le goût de Londres
Le goût de Lyon
Le goût de Naples
Le goût du Népal
Le goût de Palerme
Le goût de Pékin
Le goût de Prague
Le goût de Rio
Le goût de Séville
Le goût de Trieste
Le goût de Venise
Le goût de Vienne

Réalisation Pao : Dominique Guillaumin

Achevé d'imprimer
sur les presses de l'imprimerie Hérissey
en mars 2004.
Imprimé en France.

Dépôt légal : mars 2004
N° d'imprimeur : 96326

125208